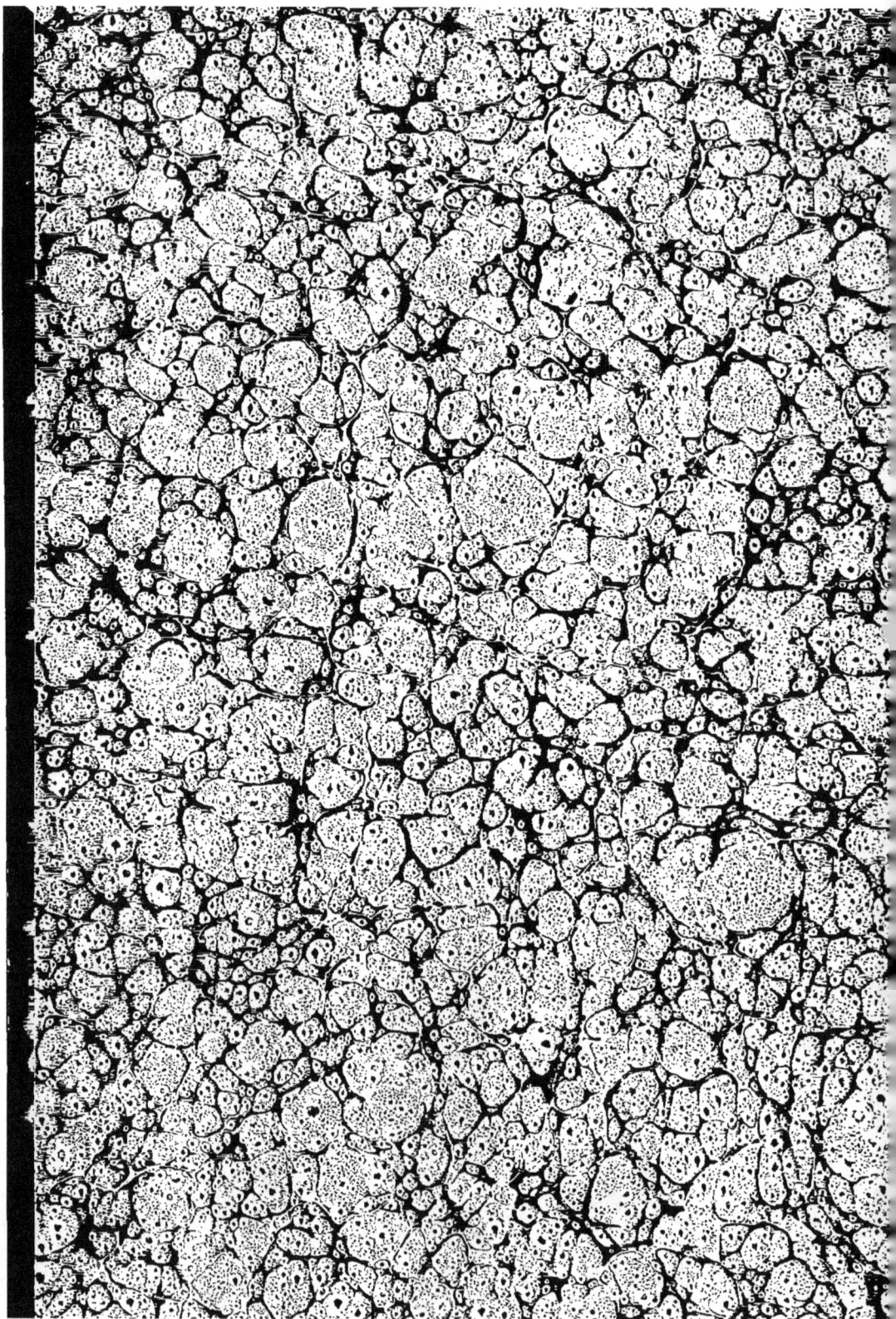

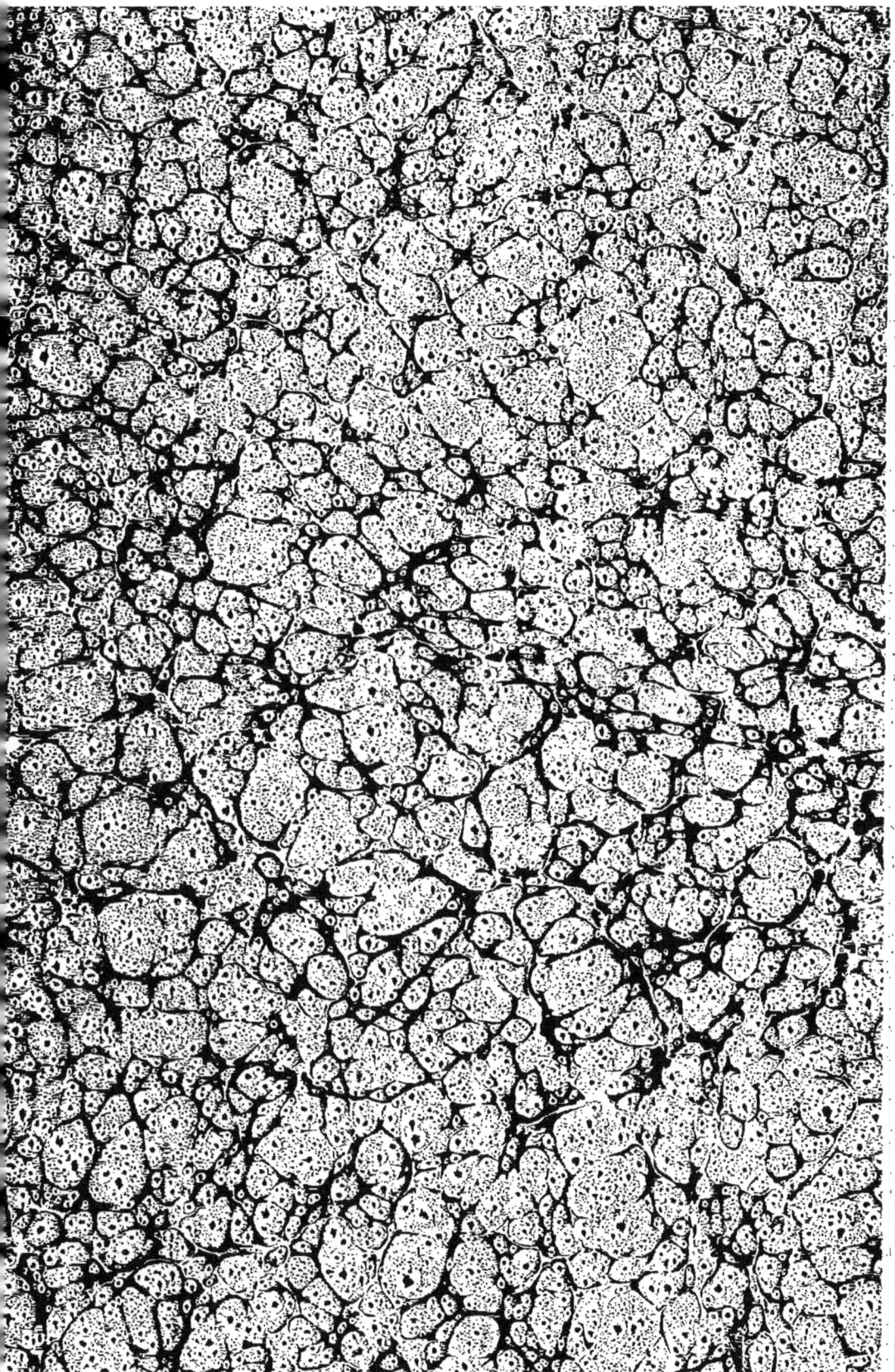

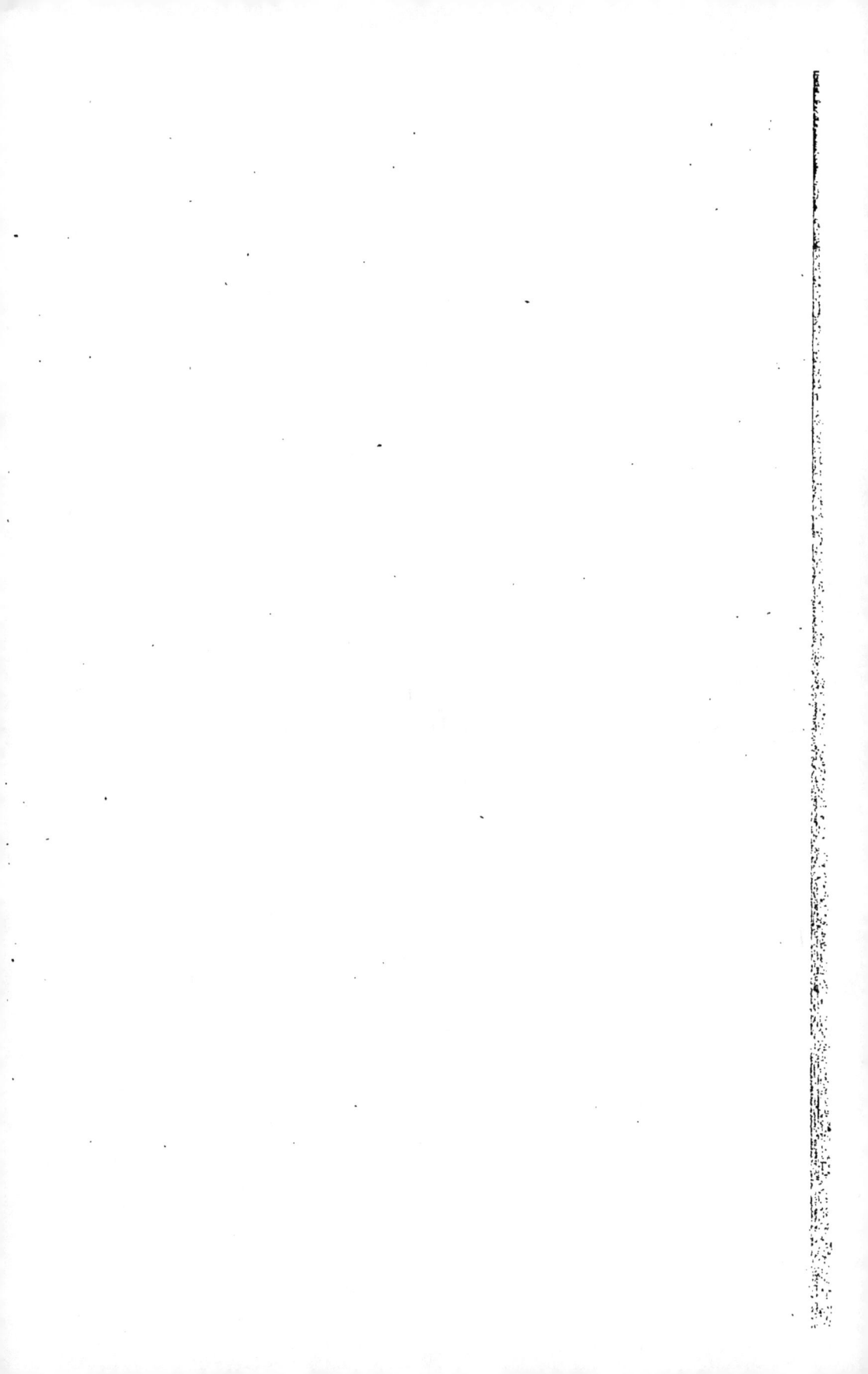

C.

PRÉCIS HISTORIQUE

SUR

LA RÉVOLUTION

DES

PROVINCES UNIES DE L'AMÉRIQUE DU SUD.

DE L'IMPRIMERIE D'ANT. BERAUD,

Rue Saint-Denis, n°. 374.

PRÉCIS HISTORIQUE

SUR

LA RÉVOLUTION

Des Provinces unies de l'Amérique du Sud,

CONTENANT

LE DÉTAIL DES ÉVÉNEMENS DONT CES CONTRÉES ONT ÉTÉ LE THÉATRE, DEPUIS LA CONQUÊTE DES ESPAGNOLS JUSQU'A NOS JOURS ; UNE NOTICE STATISTIQUE SUR LES PROVINCES DE BUÉNOS-AIRES, PARAGUAY, TUCUMAN, CHILI, HAUT-PÉROU, ETC. ; LES PORTRAITS ET CARACTÈRES DES PRINCIPAUX CHEFS DES INDÉPENDANS, ET DES DÉTAILS AUTHENTIQUES SUR LES DIVERSES CONSPIRATIONS DIRIGÉES CONTRE LE GOUVERNEMENT RÉPUBLI-CAIN, EN 1818 ET 1819 ;

PAR A. F***.,

Ex-Commissaire des Guerres, Chevalier de la Légion d'Honneur.

PARIS,

AU BUREAU DU JOURNAL *LE PILOTE*,
Rue de la Michaudière, n°. 12 ;
ET CHEZ LES MARCHANDS DE NOUVEAUTÉS.

1819.

INTRODUCTION.

L'Amérique méridionale, à l'exemple de sa sœur aînée, l'Amérique du nord, a brisé les liens qui l'unissaient à la métropole. Reprenant le sentiment de ses forces, dont elle ignora long-temps l'étendue, elle les consacre aujourd'hui à secouer le joug européen, et à prendre un rang parmi les nations.

Cet événement fixe l'attention de l'Europe. Elle cherche à suivre, dans ses développemens, cet effort de l'amour de l'indépendance. Les armées nationales de l'Amérique ont repoussé les armées espagnoles; mais ces succès n'ont pas encore valu aux peuples les avantages qu'ils en espéraient, ni cette liberté pure, modifiée par des lois sages, et soutenue par des hommes vertueux, repoussant tout intérêt particulier, toute pensée étrangère au bien public.

L'ambition occupe aujourd'hui le rang qui naguère était assigné à la faveur. Le despotisme militaire a usurpé la place du régime arbitraire de la métropole; des lois provisoires, un gouvernement chancelant, sont substitués au pouvoir positif; enfin, l'esprit d'indépendance dans le peuple, et de domination dans les chefs, anime maintenant des hommes, auparavant habitués à obéir.

Chez les peuples où les vertus nationales et la civilisation n'ont pas atteint le plus haut degré, et qui ont été long-temps comprimés par le despotisme, les révolutions prennent constamment le caractère de la plus affreuse férocité. Plus la transition est forte, plus les débordemens sont violens; les apôtres de la liberté, en propageant leurs généreuses maximes, ne sentent pas le danger de les faire adopter à des peuples esclaves; ils ne voient pas qu'en prêchant les droits de l'homme, ils agitent parmi eux une torche incendiaire.

Il est à remarquer que les efforts qui ont été faits pour établir les idées les plus élevées dans l'esprit des hommes, sont ceux qui ont coûté le plus de sang. Je citerai, pour exemple, la religion et la liberté.

La religion chrétienne, en particulier, a eu ses martyrs, ses guerriers, ses despotes, ses réformateurs; des milliers d'hommes ont péri en la prêchant ou en la persécutant.

La liberté, enfantée par le despotisme, comme la réformation par la tyrannie religieuse, n'a étendu ses conquêtes qu'après avoir soulevé les nations les unes contre les autres, éteint des générations entières, et s'être frayé une route au milieu des habitudes humaines, consacrées par le temps.

Les révolutions ayant pour but la conquête du plus beau droit de l'homme, la liberté, n'ont cependant pas toutes présenté un caractère aussi affligeant.

Le Suisse, chassant du sommet de ses rochers, les satellites de la tyrannie; la Pologne combattant ses voisins et succombant dans cette lutte; les Etats-Unis se déclarant libres : ces nations occupent dans l'histoire des pages immortelles, et seront présentées à l'admiration des générations futures, comme de grands modèles dignes d'être imités.

Loin de nous le récit des excès dont notre patrie fut la triste victime; elle jouit d'une liberté dont elle sent tout le prix. Puisse le grand exemple qu'elle donne aux nations les retenir dans les bornes d'une sage modération !

La révolution de l'Amérique du Sud, quoiqu'exempte de ces terribles débordemens, n'en voit pas moins son sol abreuvé de sang; mais si le glaive a atteint quelques victimes, ces exemples sont rares; et en général, cette nation marche d'un pas ferme et régulier vers l'indépendance. Ses citoyens ne sont point armés contre des frères, ils ne repoussent que le joug de l'oppression.

Les effets de cette commotion politique ont été tempérés par des circonstances que cet ouvrage développera successivement. Les principales sont, l'origine de cette nation, la liberté dont elle jouissait, l'exclusion de la noblesse et des priviléges, enfin, l'éloignement du souverain.

Un peuple nouvellement constitué n'a pas contracté des *habitudes* assez fortement enracinées, pour qu'elles aient pris un caractère indélébile.

Le temps enchaîne les hommes à leur situation présente par les lois de l'habitude, lois plus puissantes que toutes les institutions. Le serf de la Russie, le sauvage libre de l'Amérique, l'habitant de la belle Italie, le triste Lapon ignoré dans ses déserts glacés, tiennent à leur condition; l'habitude les enchaîne à leurs climats et à leurs mœurs.

Si les peuples des contrées méridionales de l'Amérique ont secoué, sans effort, le joug de leurs habitudes, ils ont également passé sans commotion du régime espagnol à celui qu'ils ont établi, parce qu'il ne leur a présenté que de légères différences.

La Métropole n'avait point, en effet, imposé des lois tyranniques à ses colonies ; son gouvernement manquait plutôt d'énergie que d'humanité. Et si l'on excepte les priviléges accordés aux européens, pour lesquels on réservait les dignités publiques et tous les emplois du gouvernement, au préjudice des Colons, on doit convenir que les habitans des campagnes jouissaient de la plus grande liberté ; ceux des villes n'étaient entravés que sous leurs rapports commerciaux.

Cette liberté, dont l'Amérique jouissait sous son gouvernement, l'exclusion de tous les priviléges et de tous les titres de noblesse, l'égalité que le roi a laissé subsister entre ses sujets, ont rendu la transition presqu'insensible, et le peuple américain a passé sans secousse, de la domination de l'Espagne au régime libre qu'il a adopté.

Telles sont les causes que j'assigne au calme qui a présidé à ce grand événement. Je ne dois cependant pas en omettre une autre qui a puissamment contribué à produire ces heureux effets.

Le gouvernement espagnol n'avait d'autres partisans dans cette contrée de l'Amérique que les vice-rois, les gouverneurs, et les principaux chefs de l'état et de l'armée, qui tenaient leur pouvoir de la cour. Tous les autres citoyens n'étaient entretenus dans l'amour du souverain, ni par la reconnaissance pour ses bienfaits, ni par l'habitude de jouir de sa présence. De là, cette indifférence pour le monarque, invisible jusques dans les actes émanés de son autorité, puisqu'ils étaient promulgués au nom de ses représentans.

Les amis de la dynastie espagnole se composaient donc d'un petit nombre d'individus qui, à l'époque de l'émancipation, se sont embarqués, ou sont entrés dans les rangs de l'indépendance, après avoir reconnu l'impossibilité de former un parti dans le peuple.

N'ayant point d'opposition à combattre dans l'intérieur, les Américains se sont bornés à tourner leurs efforts contre les troupes envoyées pour les faire rentrer dans l'obéissance ; cette révolution s'est donc bornée à une guerre nationale et régulière.

Je ne parle ici que de Buenos-Ayres et du Chili ; car, au Pérou, et dans les autres possessions espagnoles, la cour de Madrid ayant multiplié la noblesse et les priviléges, s'est créé un parti qui combat avec moins de modération pour la conservation de ses avantages.

Heureux de n'avoir à décrire que les efforts d'une nation qui ne cherche qu'à assurer son indépendance, et à s'imposer des lois analogues à sa situation locale, et à ses intérêts commerciaux, j'ai cherché à recueillir tous les renseignemens propres à la faire connaître, et à indiquer les développemens de ses nobles travaux.

Pour donner une idée des pays qui m'occupent, je présenterai un sommaire de leur conquête par les Espagnols, et des établissemens qu'ils y ont formés : j'y joindrai quelques idées générales et succinctes sur leur sol, leur industrie, leur population, et leur civilisation; après quoi j'entreprendrai l'histoire de leur révolution. Cet ouvrage se trouvera naturellement divisé en trois parties; l'une traitera de Buenos-Ayres, l'autre du Chili; la troisième contiendra des détails généraux. Les renseignemens que j'ai recueillis pour former cet aperçu, sont extraits des meilleurs auteurs Espagnols et Anglais, qui ont voyagé dans cette partie du monde, ou qui ont joué un rôle dans les événemens dont elle a été le théâtre.

Quant à ce qui regarde la révolution et les guerres actuelles , j'ai fait usage des documens que m'a fournis un officier français , qui a été attiré comme tant d'autres étrangers dans ces climats , soit par son penchant pour la guerre , soit pour contribuer au succès d'une cause généreuse dans ses motifs.

PRÉCIS HISTORIQUE

SUR

LA RÉVOLUTION

DES

PROVINCES UNIES DE L'AMÉRIQUE DU SUD.

Première Partie.

CHAPITRE PREMIER.

Précis historique de la découverte de la Plata et de l'Établissement des Espagnols dans les provinces de Buénos-Ayres, du Paraguay et du Tucuman.

LA découverte du fleuve de la Plata, est due à Juan-Diaz de Solis, célèbre navigateur espagnol, qui entra dans son embouchure en 1515. Il fut massacré avec la plupart de ses hardis compagnons, par les peuples de ces parages, qui repoussèrent ainsi pour quelque temps le joug qu'ils devaient bientôt porter.

Le hasard, auquel l'Europe a dû la découverte du Brésil, amena, dix ans plus tard, le célèbre vénitien Sébastien Cabota, sur les mêmes côtes; sa cupidité lui fit abandonner le voyage des Indes orientales, pour lesquelles il faisait voile, et le poussa dans les fleuves de la Plata et du Parana, qu'il remonta jusqu'au fort du Saint-Esprit, dont il jetta les fondemens.

Reconnaissant l'impossibilité de former des établissemens solides au sein des peuplades qui habitaient ces contrées, il laissa un petit nombre d'hommes dans le fort du Saint-Esprit, et revint en Espagne, pour y demander des secours.

Don Pedro de Mandoza, ayant sollicité dans le même temps de la Cour, les moyens de continuer les découvertes de Diaz de Solis et de Gabota, partit des côtes d'Espagne, à la tête d'une forte expédition, et jetta, en 1535, les fondemens de la ville de Buénos-Ayres, sur les rives de la Plata, à soixante lieues de la mer. Elle fût ainsi nommée, à cause de l'air doux et pur qu'on y respire.

Cet établissement, formé au sein des peuplades de Guaranys et Pampas, fut bientôt abandonné : les Espagnols se voyant réduits à mourir de faim, dans les palissades qu'ils avaient élevées, quittèrent Buénos-Ayres, sous la conduite d'Ayolas, et remontèrent le Paraguay, dans l'espoir de trouver une contrée plus riche en métaux, et défendue avec moins d'opiniâtreté.

Vain espoir ! l'or objet de leurs désirs, n'enrichissait point cette terre, sur laquelle ils ne trouvaient que des hommes libres et courageux, En 1536, ces aventuriers, qui étaient constamment harcelés par les sauvages, obtinrent un avantage signalé sur les Indiens des rives du Paraguay. Les ayant dissipés, en leur imprimant une terreur profonde, ils s'arrêtèrent, et fondèrent la ville de l'Assomption, à trois cents lieues de la mer.

L'on a peine à concevoir ce qui put décider ces navigateurs à former leur premier établissement dans le sein de ce vaste continent, au milieu d'un essaim d'ennemis, toujours en *armes*, et hors de la portée de la métropole.

Ayolas, après avoir donné quelque consistance à cette ville, y laissa des troupes bien retranchées et passablement approvisionnées, et continua, avec le reste de son monde, ses découvertes dans l'intérieur de cette contrée.

Il pénétra jusques dans la province de Chiquitos, aux confins du Pérou, cherchant partout, avec avidité, les richesses qu'il croyait y rencontrer; mais il n'y trouva que la mort, ainsi que ses infortunés compagnons, qui périrent tous de la main des sauvages.

Des secours vinrent cependant améliorer la position des Espagnols dans le Paraguay; des alliances formées avec des Indiennes, rapprochèrent quelques nations sauvages des Européens; les lumières du christianisme commencèrent à se répandre : on parvint à connaître, en affrontant mille dangers, et en bravant mille obstacles, la largeur du continent Américain; on pénétra jusqu'au Pérou; enfin, quelques nouveaux établissemens, formés par les capitaines des Adelantados (gouverneurs), étendirent les possessions de ces hardis usurpateurs, sans cependant consolider leur puissance, parce que la persévérance des Espagnols à trouver des mines d'or dans cette partie de l'Amé-

rique où l'avidité les avait poussés, les détourna de
toute amélioration dans leur gouvernement, les rendit cruels envers les Indiens, et leur fit entreprendre
des trajets périlleux, où ils trouvèrent la mort. Cette
passion honteuse contribua donc longtemps à arrêter
les progrès de la puissance espagnole et de la civilisation des nations indiennes.

En 1548, Nuflos de Chaves amena de Lima à
l'Assomption les premières brebis et les premières
chèvres qui aient paru au Paraguay. Deux frères
portugais nommés Goas, apportèrent, un an plus tard,
huit vaches et un taureau, qui provenaient d'une colonie
établie au port Saint-François.

Ces animaux se multiplièrent dans une proportion
étonnante, et forment, aujourd'hui, la principale richesse de cette partie de l'Amérique du sud.

Depuis cette époque jusqu'en 1587 , une foule de
gouverneurs se succédèrent dans le Nouveau-Monde :
ils y formèrent de nouveaux établissemens , bâti-
rent de nouvelles villes , entr'autres Buénos-Ayres ,
qui fut rétablie sur ses anciens fondemens , par Juan
Garay ; ils augmentèrent encore la puissance espagnole par la soumission de quelques nations indiennes,
vaincues par la supériorité des armes européennes, et
comprimées par la force.

L'année 1587 est remarquable par l'arrivée des
premiers Jésuites dans le Tucuman. Ces religieux ,
animés par cet esprit ambitieux qui les a rendus si
célèbres, entreprirent en 1610 de porter les bienfaits

de la civilisation et du christianisme au sein des nations indiennes errantes.

Ce que la force n'avait pu opérer, la persuasion l'exécuta. Quelques religieux sans troupes, sans autre arme que la persuasion, sans autre attrait que la vertu, soumirent à leur domination une population de cent vingt mille Indiens, sur lesquels ils régnèrent pendant un siècle et demi.

Cet événement prodigieux fait un honneur infini à ces disciples de Loyola. Les moyens qu'ils employèrent pour arriver au succès de cette entreprise, sont trop curieux pour être passés sous silence : nous fixerons un instant les regards de nos lecteurs sur cette belle page de l'histoire de l'Amérique.

On a remarqué que les Jésuites suivirent dans la formation des peuples des missions, les mêmes principes que les Incas dans le gouvernement de leur empire et dans leurs conquêtes : à cela près, que ceux-ci appuyaient leurs négociations avec les peuples qu'ils voulaient soumettre, par la présence d'une armée considérable ; et que les Jésuites qui n'avaient point de troupes, se bornaient à la persuasion : ils pénétraient dans les forêts du Paraguay, cherchaient les Sauvages, les engageaient à renoncer à leurs habitudes, à leurs préjugés ; ils leur promettaient des avantages qui leur étaient inconnus ; et, loin d'imiter ces missionnaires qui, par trop de zèle, veulent enseigner le christianisme aux Sauvages avant de leur apprendre à penser, ils eurent l'adresse de civiliser jusqu'à un certain point les Indiens, avant de les convertir.

2

Les Jésuites éprouvèrent d'abord de grands obstacles dans l'établissement de leurs peuplades ; leurs missionnaires furent souvent la victime de leur zèle, mais
la persévérance les fit triompher de toutes les difficultés.

Ils furent encore servis par la terreur que les Portugais répandaient parmi la nation des Guaranys ; ces
peuples timides, trouvant dans les Jésuites, des amis,
des protecteurs contre la tyrannie de ces barbares, se
jetèrent en foule dans leurs bras.

Les Jésuites ne trompèrent point les Indiens dans
les promesses qu'ils leur avaient faites. Ces peuples
trouvèrent sous leur domination, le plus heureux adoucis-
sement à leur sort ; et depuis leur soumission jusqu'au
départ des Jésuites, c'est-à-dire pendant la durée de
158 ans, aucune peuplade des missions n'a cherché à
se séparer et à reprendre d'anciennes habitudes barbares, qu'une félicité sans mélange paraissait avoir
entièrement déracinées de leur naturel.

Les Jésuites avaient instruit ces peuples aux travaux de l'agriculture, aux arts utiles, et même ils leur
avaient enseigné quelques arts agréables ; les biens
étaient en communauté ; les revenus des terres étaient
divisés en trois parties, pour les temples, pour le
public et pour les particuliers.

La première part était réservée aux frais du culte ;
la seconde était consacrée à l'entretien des orphelins,
des vieillards, des malades ; la troisième était destinée à la subsistance des autres citoyens : et ce qui restait dans les magasins publics (où chaque particulier

venait verser le fruit de son travail), après le partage proportionnel, appartenait aux Jésuites.

Les belles actions recevaient leur prix ; les mœurs leur récompense, l'oisiveté son châtiment, les délits une juste punition.

Le gouvernement était théocratique ; la confession conduisait le coupable aux pieds du magistrat, et loin de se soustraire au châtiment, il venait lui-même s'y soumettre.

Les peuples du Paraguay n'avaient point de lois civiles, parce qu'ils ne connaissaient point la propriété ; ils n'avaient point de lois criminelles, parce que chacun se punissait volontairement : toutes leurs institutions étaient renfermées dans les préceptes de la religion.

Chez aucune nation de la terre il n'a existé une égalité aussi parfaite que parmi ces peuples ; ils n'apercevaient pas l'autorité qui les régissait ; ils n'étaient divisés ni par l'envie, ni par le poison de l'ambition, ni par la soif des richesses, qui attirent tant de fléaux sur l'espèce humaine.

Dans le Paraguay, aucun habitant ne dépendait de l'autre, aucun citoyen ne servait un autre citoyen ; tous les Guaranys étaient égaux parce qu'ils ne possédaient rien.

Il semble que la population aurait dû s'accroître extrêmement sous un gouvernement si paisible ; dans un état où l'oisiveté, la misère, les crimes étaient inconnus ; où les alliances se formaient par l'inclination et non par l'intérêt ; où un père voyait sans inquiétude sa famille se multiplier ; où la débauche, l'ivrognerie, qui enfantent tant de maux, ne hâtaient point le terme de la vie, et ne détruisaient point les principes de la régénération : cependant ce pays qui devait être le plus peuplé de la terre, ne l'était pas, et en voici les causes.

Les Portugais de Saint-Paul détruisirent en partie, en 1631, les peuplades formées dans la province de Guayra, limitrophe du Brésil. Les habitans qui purent se soustraire au fer de ces cruels ennemis, allèrent s'établir entre le Paraguay et l'Uraguay.

La petite vérole, si funeste aux Américains, vint ravager cette population naissante, déjà diminuée par le fer des Portugais.

Enfin le climat chaud et humide du Parana fut une des causes principales de la non-augmentation de la population à cause des maladies auxquelles il donnait lieu.

Après un règne paisible d'un siècle et demi, les Jésuites quittèrent les peuples qu'ils avaient formés; leurs ennemis les avaient calomniés auprès de la cour de Madrid; la politique inquiète de cette puissance paraissait craindre que les républiques du Paraguay ne se détachassent de l'empire espagnol. Elle jugea donc nécessaire de leur donner d'autres directeurs, et de diviser les pouvoirs concentrés jusqu'alors dans les mêmes mains. C'est le seul changement que l'Espagne ait fait dans cette partie de ses possessions.

Les Jésuites ne se bornaient pas à civiliser des Sauvages; ils travaillaient encore, à l'Assomption, à

San-Yago et à Buénos-Ayres , à propager les lumières
de l'instruction parmi les habitans des villes. En 1786,
l'agriculture , le commerce , les arts avaient fait quelques progrès dans les possessions de la Plata : une
partie des nations sauvages vivait en paix ou s'é-
tait incorporée aux Espagnols. Celles qui fuyaient
encore le joug européen , s'étaient retirées dans le
nord du Chaco, vers les sources du Paraguay et du
Parana. Quoique lents , ces progrès assuraient à la
métropole une possession paisible. Mais le temps
trompe souvent les calculs des humains; et nous verrons bientôt comment ces contrées, dont la conquête
avait coûté tant de soins, d'efforts et de sang, se sé-
parèrent de la domination européenne. Avant de développer ces circonstances, nous placerons dans un
ordre chronologique les principaux établissemens
formés par les Espagnols dans les provinces de Buénos-
Ayres et du Paraguay, depuis la découverte de ces
contrées jusqu'à ce jour.

CHAPITRE II.

Tableau chronologique de la fondation des principales villes des
provinces de Buénos-Ayres et du Paraguay.

La première fondation de la ville de Buénos-Ayres,
par Pedro Mendoza, date de 1535. Abandonnée en
1539, rebâtie en 1580, elle devint en 1620 le siége
du gouvernement et la résidence d'un évêque. En 1776,

l'Espagne y envoya un vice-roi, don Pedro de Cevallos.

Les rues de cette capitale sont larges, et tirées au cordeau; des trottoirs sont établis le long des maisons, et facilitent les communications pendant les saisons pluvieuses.

Quelques géographes portent sa population à soixante mille âmes; mais ce calcul est susceptible d'une réduction considérable.

Cette ville possède une cathédrale, cinq églises, six couvens, deux hôpitaux, un hospice d'enfans trouvés; un autre pour les orphelins, un collége, une fonderie de canons, une manufacture d'armes, et quelques fabriques.

Elle est bâtie sur la grève de la rivière de la Plata, et sur un terrein uni. Sa situation est saine et agréable; on y respire un air tempéré.

La place est à soixante lieues de la mer : la navigation de la Plata offre mille obstacles aux navires; ils sont forcés de lutter, dans ce fleuve, contre les écueils, les bas-fonds et les orages.

Les gros bâtimens ne peuvent mouiller qu'à trois lieues de la ville, et ils ne trouvent de refuge que dans le port de l'Encenada de Barragan, situé à huit lieues plus bas.

En 1536, Ayolas jetta les fondemens de l'Assomption. Cette ville, située sur les bords du Paraguay, fut pendant près d'un siècle la capitale de l'empire Espagnol. En 1620, le gouvernement et l'évêché furent transportés à Buénos-Ayres : mais elle resta la capitale du Paraguay.

Sa population peut s'élever à huit mille âmes. Ses rues sont tortueuses ; elle est bâtie sur un terrein si-blonneux , abandonné par les eaux du Paraguay ; elle possède une cathédrale , deux succursales, trois cou-veus et un collége.

En 1557, Perez de Zurita fonda la ville de Cor-dova : elle fut détruite, en 1561 , par le cacique Juan, et rebâtie en 1573.

En 1559, Chaves, envoyé dans la direction du Pérou, fonda la ville de Santa-Cruz.

En 1560, Andrés Manzo éleva la ville de La Rioja. San-Miguel del Tucuman fut bâtie , en 1565 , par Diego Villaréal. En 1685, cette ville fut transportée sur un autre emplacement, parce que les eaux qui abreuvaient ses habitans , engendraient des goîtres.

Vers la même époque, Pedro de Castillo , envoyé par le gouverneur du Chili , don Garcia , pour faire la conquête de la province de Cuyo , fonda aux confins des Andes les villes de San Juan et de Mendoza. Elles ont longtemps fait partie du Chili, mais elles relèvent maintenant de Buénos-Ayres.

La ville de Santa-Fé dut son origine à Juan Garay, qui la fonda en 1573. Il bâtit également, en 1576 , celle de Villarica del Spirito Santo. En 1582, Hernando de Lerma bâtit la ville de Salta.

En 1585 , Conception de Buen Esperanza fut construit par Alonzo de Vera-y Aragon.

En 1588, Alonzo de Vera el Tupy jetta les fondemens de Corrientes.

L'année 1592 vit naître la ville de Jujuy, rebâtie
sur les ruines de celle de Nieva, par Ramires de Velasco.

En 1683, Catamarca fut élevé par Mendoza Mate
de Luna.

En 1679, la colonie del Sacremento fut établie par
les Portugais : elle fut longtemps l'objet d'une vive
contestation entre Buénos-Ayres et Rio-Janeiro, et
finit par rester sous la domination des Espagnols.

En 1726, vingt-cinq familles des Canaries jetèrent
les premiers fondemens de Montevideo. Le gouverneur de Buénos-Ayres leur donna tous les moyens
nécessaires à l'établissement de cette ville. Elle prit
de l'accroissement en 1730; et à dater de cette époque, elle protégea définitivement les colonies de la
côte orientale, toujours inquiétées par les Sauvages et
les Portugais.

La population actuelle de Montevideo est de douze
à quinze mille habitans. Les rues sont tirées au cordeau, mais non pavées.

Cette ville est bâtie sur une baie qui a deux lieues
de profondeur; une citadelle la défend du côté de la
terre; des batteries formidables la protégent du côté
du fleuve.

Malheureusement on n'y trouve que quatre ou cinq
brasses d'eau; l'ancre ne tient pas sur les fonds, et l'on
est réduit à s'échouer, ce qui n'entraîne pas de grands
inconvéniens pour les navires marchands.

Maldonado, ville voisine de Montevideo, a été bâtie à la même époque ; elle sera toujours peu importante, car son port offre moins de sûreté et de commodités que celui de Montevideo.

Tels sont les principaux établissemens fondés par les Espagnols pendant la durée de deux siècles dans cette partie de l'Amérique.

L'agrandissement de cet empire fut longtemps retardé par la nature des moyens que les conquérans employèrent, par leur insatiable avidité pour l'or, par le faux système de l'Espagne dans l'administration de ses colonies , par les entraves du commerce qui empêchèrent l'industrie, l'agriculture et les arts de prendre du développement.

Les guerriers firent des conquêtes, formèrent des établissemens ; mais ils négligèrent tous les moyens d'augmenter la prospérité des peuples, d'accroître leur population et de les éclairer dans cette foule d'arts et de sciences , qui élèvent l'espèce humaine.

Avant de continuer à citer les époques les plus remarquables de l'histoire de Buénos-Ayres, nous donnerons quelques détails sur la nature du sol, la température, les productions de cette vaste contrée, et sur les peuples qui l'habitent.

CHAPITRE III.

Température, sol et productions des provinces de Buénos-Ayres et du Paraguay.

Buénos-Ayres est sous la latitude du 34° 36′ 28″. Le froid de l'hiver y est modéré, et la surface de l'eau, gèle à peine deux ou, trois fois dans cette saison. Les pluies abondantes poussées par les vents du sud, rendent les rues presque impraticables; l'été, les chaleurs sont très-fortes, et les courants du sud n'amènent alors point de pluies; ils élèvent des nuages de poussière, qui, par fois, cachent le soleil et incommodent beaucoup; les vents de sud-est et sud-ouest ou *pamperos*, sont violens; cependant les ouragans sont rares.

En général, la température de Buénos-Ayres est humide, et la mousse couvre les murailles qui sont exposées au sud; malgré cette disposition du climat, il n'est point nuisible à la santé. Les orages sont violens; les éclairs se succèdent avec rapidité, et la foudre tombe fréquemment.

Dans le Paraguay, les vents ont la même direction, mais moins de force; le froid et l'humidité sont moins sensibles, et les pluies moins abondantes.

Ces deux provinces forment une vaste plaine; la vue n'est bornée dans toutes les directions, que par un immense horison. Depuis la Plata jusqu'au détroit de Magellan, et jusqu'à cent lieues dans la direction du

Chili, on ne rencontre pas un arbre, pas même un buisson, excepté au bord des ruisseaux. Dans le Paraguay, les missions et le Chaco, et vers le nord de ces provinces, on trouve des forêts, d'où l'on tire les bois propres aux constructions et aux usages domestiques. Les eaux nombreuses que les Cordilières versent du côté de l'est, et qui forment une multitude de rivières, n'arrivent point à la mer, à l'exception de cinq à six, tant la pente du terrain est insensible. Ces eaux forment des lacs considérables et nombreux. Celui des Xarayes, sur lequel on a fait tant de contes, a une étendue de plus de cent lieues de long et de quarante de large. Il est souvent à sec et n'est jamais navigable.

En général, une roche massive forme la base de ce terrain; elle est recouverte d'une légère couche de terre, qui, dans beaucoup d'endroits, laisse le roc à découvert.

Dans le nord du Paraguay, on trouve une glaise salée qui convient beaucoup aux bestiaux. Dans la partie située à l'ouest des rivières du Paraguay et de Parana, on rencontre des eaux saumâtres et des rivières qui, en se desséchant par le défaut des pluies, déposent, dans leur lit, une grande quantité de sel. Ce sel, nous le répétons, est recherché par les bestiaux, et cette substance a probablement contribué à leur prodigieuse multiplication.

Les mines sont rares dans cette contrée, et peu productives; le ruisseau de San Francisco roule quelques grains d'or dans le sable de ses eaux. Il est à présumer que les montagnes de San Fernando, coutiennent des mines précieuses. Dans la province de Chaco, on trouve, sur un lit d'argile et dénué de pierres, un morceau de fer pur, d'une dimension énorme : il a été transporté là par une révolution, de la nature dont on ne peut assigner la date.

Les rivières principales sont le Parana et le Paraguay ; l'une et l'autre coulent vers le sud, et sont navigables pour de forts bâtimens dans une partie de leur cours. La première a quinze cents toises de largeur à Corrientes ; elle forme, après avoir reçu les eaux de l'Uraguay, la rivière qu'on appelle *la Plata*, que l'on regarde comme une des plus grandes du monde. Le Parana n'est pas navigable sur tous les points ; un grand nombre de rescifs et d'îles en entravent le cours ; il forme des cataractes qui semblent devoir ébranler le monde. Le saut le plus considérable se nomme *Guayra*, un autre qui a lieu à Canendigu, n'est pas moins étonnant.

L'Uraguay est, après ces deux fleuves, le plus remarquable ; il a également des cataractes dignes d'admiration.

L'esprit chevaleresque porta les premiers conquérans de cette contrée et leurs successeurs, à étendre leur puissance, plutôt qu'à assurer leur domination, en faisant fleurir l'agriculture et le commerce. Aussi ces provinces sont-elles encore bornées à leurs productions naturelles ; quelques plantations de coton, de riz, de cannes à sucre, formées dans le Paraguay, subviennent à peine aux besoins des habitans ; la culture du tabac a été entravée par l'établissement d'une régie ; on n'a fait que quelques essais pour l'introduction du café, de l'indigo, du cacao, productions qui réussiraient parfaitement. La culture de la vigne est presque abandonnée : celle des grains prospère aux environs de Buénos-Ayres. Cette ville vend l'excédent de ses besoins au Paraguay, à la Havane et au Brésil. Le Paraguay se nourrit, en grande partie, de maïs, de manioc et de viande. Cette province tire un grand parti de l'herbe du Paraguay, qui se prépare de la même façon que le thé, et sert au même usage (1).

Mais la principale richesse de ce pays est tirée des bestiaux, dont on fait sécher les peaux qui s'exportent en Europe, et s'y vendent avec avantage. Cette partie de l'industrie occupe une grande partie de la population : elle favorise son indolence par le peu d'efforts que nécessite l'exploitation de cette mine.

On ne peut s'empêcher de reconnaître cependant que la nature ne seconde pas les efforts des habitans dans ce pays; son climat les énerve : son sol les décourage, parce que tout y est à faire. Jamais de grands canaux n'établirent des communications, l'encaissement des rivières, le peu de pente du terrain s'y opposent. Tel est ce pays dont nous avons cherché à tracer une équisse; indiquons maintenant les événe-

---

(1) La manière de prendre cette boisson, pour laquelle les habitans de ces contrées ont une passion décidée, est très-singulière. Chaque personne, muni d'un tube, en trempe une extrémité dans le vase qui contient l'infusion, et l'aspire : il arrive même, parmi les gens du commun, qu'un seul tube sert à plusieurs individus.

mens qui s'y sont passés, dans le courant des dix-
septième et dix-huitième siècles, jusqu'à la révolution
de l'Amérique méridionale.

CHAPITRE IV.

Tableau des événemens historiques, depuis 1653 jusqu'en 1808.

Nous avons remarqué, dans les deux premiers cha-
pitres de cet ouvrage, les progrès de la puissance
espagnole dans l'intérieur de l'Amérique du Sud.
Quoique lents, quoiqu'entravés par le gouvernement
Métropolitain, ils étonnèrent l'Europe ; et la possession de ces contrées immenses devint l'objet de l'envie de la France, de l'Angleterre et de la Hollande,
qui cherchèrent successivement, dans l'augmentation
de leur marine, les moyens d'usurper les colonies
que des circonstances heureuses avaient fait tomber
dans les mains des Espagnols, à une époque où ces
puissances étaient occupées à d'autres soins, ou dé-
tournées de ces conquêtes par des troubles intérieurs.

En 1653, les Français tentèrent de s'emparer de
Buénos-Ayres. Trois frégates, sous les ordres de Ti-
moléon-Osmat, se présentèrent dans la rivière de la
Plata : mais cet amiral, intimidé par la contenance des
Espagnols, et les bonnes dispositions de défense faites
par don Bagori, leur gouverneur, se retirèrent sans
oser attaquer cette place.

En 1671 et 1681, cette nation renouvela cette entreprise ; mais elle n'eut pas un meilleur succès ; les peuples des missions accoururent au premier signal du danger , et forcèrent les Français à renoncer à leur projet ambitieux.

Telle fut la mauvaise issue des premières tentatives faites par les nations européennes pour conquérir, sur les usurpateurs de la liberté américaine, le droit d'opprimer des peuples timides.

Les Espagnols, attaqués au-dehors, avaient encore des ennemis intérieurs à combattre ; les Indiens faisaient souvent des incursions dans leurs possessions , et cherchaient à recouvrer leur indépendance , les armes à la main. Un nommé Pedro-Bohorguez , qui s'était échappé des prisons du Chili , mit les établissemens des Andes à deux doigts de leur perte. Il se fit passer auprès des Indiens de cette partie , pour un descendant de Gualipa , Inca du Pérou , et sut , à l'aide de cette imposture , leur inspirer le désir de secouer le joug des Européens ; à la tête d'un parti nombreux, il obtint d'abord quelques succès ; mais bientôt vaincu et pris par les Espagnols , il paya de sa tête son entreprise téméraire.

D'autres peuples sauvages imitèrent cet exemple malgré ces suites funestes. Tupac-Amaro et Tupac-Cutari, caciques indiens , entretinrent longtemps contre les Espagnols des guerres dans lesquelles ils déployèrent autant de courage que d'habileté ; mais vaincus par la supériorité des armes et de la tactique européenne , ils succombèrent dans la lutte que l'amour de la liberté leur faisait entreprendre , et ils périrent dans les supplices les plus cruels.

Ces mouvemens prirent naissance dans les cruautés que l'on exerçait envers ces malheureux peuples.

A cette époque, les Sauvages étaient subjugués,
contenus ou rejetés dans des contrées peu fréquentées.
Les premiers courbaient la tête sous le joug pesant de
la tyrannie espagnole ; la *mita* était en vigueur, cette
loi forçait ces infortunés à livrer une certaine quantité
d'hommes pour le travail des mines. Ceux de ces malheureux, désignés par le sort, étaient accompagnés jusqu'aux confins de leurs provinces par leurs familles
éplorées, qui exprimaient leur douleur par des cris et
des chants funèbres. Ceux qui allaient aux mines rejoi-
gnaient rarement leurs foyers ; la terre s'entr'ouvrait
pour eux et les engloutissait tout vivans. Attachés
à ces travaux dangereux, ils puisaient, dans les exha-
laisons pestilentielles, une mort lente et douloureuse.

Outre cette obligation tyrannique, les Indiens,
quoiqu'ayant recouvert leur liberté par la suppression
des commanderies, n'en étaient pas moins à la disposition de tous les Espagnols ; seulement la loi fixait
le tarif de leur paiement et la durée de leur travail.

Les Indiens, réduits à une condition aussi malheureuse, étaient passibles encore de tributs envers le
gouvernement, qui achevait de les écraser en les pri-
vant du produit de leurs labeurs.

Ces atrocités étaient révoltantes ; mais qui pourrait
dire ce que les injustices particulières devaient ajouter
à un fardeau déjà si pesant. Celle de ces vexations qui
a le plus fait gémir cette classe d'hommes, était
exercée par les magistrats chargés de l'inspection de
la justice, des finances et de la police, dans un espace

de 3o , 40 , ou 5o lieues. Quoique la loi leur défendît
d'entreprendre aucun commerce , ils s'emparaient de
tout celui qu'il était possible de faire avec les Indiens
soumis à leur juridiction ; ils faisaient usage dans les
transactions du pouvoir qui leur était délégué , pour
forcer les malheureux habitans à leur acheter des marchandises qu'ils taxaient arbitrairement aux prix les
plus élevés.

Ces iniquités révoltantes furent la cause de divers
soulèvemens , de guerres presque continuelles , enfin
du juste éloignement des nations sauvages pour la domination espagnole.

Si un gouvernement humain , sage et juste , était nécessaire pour réunir en un seul corps les populations
éparses de ce vaste continent , et les attacher aux
mêmes intérêts et à la même autorité , la liberté du
commerce n'était pas moins indispensable pour répandre sur elles ses avantages inappréciables. Mais l'Espagne ne fit aucun effort pour élever ses vastes colonies à un certain degré de prospérité ; de petits
intérêts , une politique inquiette , un égoïsme honteux ,
dirigèrent constamment les vues de son cabinet.

Le gouvernement conserva longtemps le monopole
du commerce. En 1778 , le ministre d'Espagne rési-
dant à Buénos-Ayres , don Andres Mestro , renouvela
les ordres de sa cour pour empêcher l'établissement
des manufactures dans la province, pour que toutes les
laines de Vigogne fussent achetées sur les fonds du
trésor royal , et selon un tarif fixé ; enfin pour que
l'on abandonnât la culture de la vigne , dont les pro-

duits présentaient une concurrence désavantageuse aux vins d'Espagne. Cependant on permit dans le cours de la même année un échange libre de productions entre Buénos-Ayres et le Pérou.

Les Anglais connaissant la position des Américains, espéraient de s'emparer de Buénos-Ayres sans une grande résistance, et de dompter ces peuples sans difficultés, en leur faisant apprécier l'avantage de s'associer à une nation forte, riche, commerçante et libre. En 1805, l'amiral anglais Home Popham, commandant une escadre, détacha le général Beresfort avec quinze ou dix-huit cents hommes pour prendre possession de Buénos-Ayres, ce qui eut lieu le 27 juillet.

C'est dans ces circonstances que Linier, français de nation, capitaine de vaisseau au service d'Espagne, parut sur la scène, et fixa l'attention par des actions dignes de mémoire. Après la reddition de Buénos-Ayres, il se réfugia à Montevideo, sollicita des secours du gouverneur don Pascal Huidobro, et vint débarquer quelques temps après à Las Conchas avec un corps de troupes dont la force pouvait s'élever à mille hommes environ.

Il s'empara d'abord du Retiro, et força l'ennemi à se rembarquer après lui avoir livré un combat opiniâtre, et lui avoir fait éprouver des pertes considérables.

En récompense de ce service signalé, le Cabildo de Buénos-Ayres nomma Linier, commandant civil et militaire de la province. Quant au vice-roi Sobremonte qui s'était réfugié à Cordova, où il avait at-

tendu paisiblement l'expulsion des Anglais pour re-
paraître, le peuple lui interdit l'entrée de la ville,
lorsqu'il se présenta pour se ressaisir de l'autorité.

Le 13 février suivant, les forces anglaises se présentèrent devant Montevideo, et s'en rendirent maîtres après un siége sanglant.

Le 5 juillet 1807, le général Whitlock attaqua de
nouveau Buénos-Ayres dont il était chargé de prendre
le gouvernement au nom du roi d'Angleterre. Mais
Linier avait pris ses mesures pour recevoir convena-
blement les Anglais; il les combattit avec succès,
et les força par une capitulation à l'évacuation du
territoire de Buénos-Ayres et à celle de la ville de
Montevideo.

Cet événement eut une grande influence sur la révolution de ces provinces. Les Américains venaient
d'éprouver leurs forces, de libérer leur territoire, de
repousser les entreprises d'une nation puissante. Cet
effort, ce succès rendit à ces peuples accourus pour
défendre leur patrie, le sentiment de leur indépendance; ils rougirent, après avoir chassé des Européens, d'être encore courbés sous le joug d'une nation
européenne. Enfin l'invasion de l'Espagne par les
troupes françaises acheva de déterminer les Américains à rompre les liens qui les enchaînaient à la
métropole.

Napoléon, maître de l'Espagne, envoya, en 1808,
un commissaire à Buénos-Ayres pour annoncer cet
événement, et sonder les dispositions des peuples de
cette colonie.

*

Linier, entièrement dévoué à la cour d'Espagne, refusa de le recevoir.

M. de Santenay fut obligé de quitter les rives de la Plata sans avoir pu débarquer ; mais si son voyage ne fut d'aucune utilité pour la France, il ne laissa pas d'avoir une grande influence sur les événemens de l'Amérique ; il confirma les rapports jusqu'alors incertains de la décadence de la métropole, et le premier cri de liberté ne tarda pas à se faire entendre dans ces contrées.

Malgré les services éminens du gouverneur Linier, qui avait prouvé ce que peut la valeur française, quand bien même elle n'est pas excitée par l'amour et la gloire de la patrie, la Junte de Seville le déposséda de son autorité, sous le prétexte de sa qualité d'étranger, et envoya don Baltazar-Cisneros pour le remplacer avec la dignité de vice-roi.

Ce nouveau gouverneur fit une entrée solennelle dans Buénos-Ayres, tandis que Linier, auquel cette capitale devait son indépendance, se voyait forcé de s'éloigner du théâtre de sa gloire.

Nous touchons à cette époque mémorable, où l'on voit l'Amérique méridionale se détacher de l'Espagne après trois siècles de dépendance et d'asservissement. Avant de commencer la relation de cette période sanglante, il est peut-être nécessaire de faire connaître les peuples qui habitent les provinces de Buénos-Ayres, du Paraguay, et du Tucuman.

CHAPITRE V.

Origine des peuples qui habitent les provinces de Buénos-Ayres et du Paraguay.

LES peuples qui habitent le Sud de l'Amérique, peuvent se diviser en trois classes : les Espagnols originaires ; les Espagnols provenant de mariages contractés entre des individus de cette nation et des Indiennes ; enfin , les hommes dits de couleur , provenant des alliances entre les Nègres africains et les Indiens : c'est de cette variété d'hommes que se compose la population des villes , colonies et établissemens soumis aux Espagnols ; le reste de ce pays est habité par des Indiens formant diverses nations, dont nous indiquerons les noms et les usages.

Les Espagnols qui habitent Buénos-Ayres descendent en grande partie des soldats que la Métropole envoya dans cette colonie pendant la durée de trois siècles. La langue , les mœurs, l'esprit de cette classe d'hommes tiennent à leur origine. Dans le Paraguay , la population s'est formée en grande partie du mélange des premiers conquérans avec les Indiennes ; et enfin , des peuples des missions dont nous avons parlé. La langue des Guaranys y est usitée , tandis que l'espagnol n'est connu que des gens instruits.

Les Espagnols de ces deux origines vivent dans le plus parfait accord , sans distinction de nobles ni de

plébeïens. Les prérogatives de la naissance y sont in-
connues, et ce principe d'égalité a conduit naturellement ces peuples à l'indépendance ; car de l'égalité à
la liberté, il n'y a qu'un pas.

L'orgueil national est si général, qu'un blanc ne
sert jamais un autre blanc, et que le vice-roi lui-
même ne pourrait trouver un serviteur parmi la classe
la plus pauvre de la race européenne. Il n'est donc
pas étonnant que cette nation, avec de tels principes,
ait cherché à secouer le joug d'une autre nation
qu'elle surpasse en richesses et en étendue de territoire ; qu'elle se soit soustraite à la domination d'une
puissance qui, depuis trois siècles, absorbait ses ressources, entravait son extension commerciale, et s'ar-
rogeait le privilége de lui envoyer des gouvernans et
de lui dicter des lois. Depuis longtemps des descendans d'Espagnols, nés en Amérique, nourrissaient
une haine invétérée pour les Européens, et particulièrement pour le gouvernement Espagnol. Les habitans des campagnes ne partageaient pas les mêmes
principes, soit qu'ils fussent à l'abri de la corruption
des villes, soit qu'ils n'eussent rien à espérer d'un
état plus indépendant et d'un changement de maîtres.
Outre les sommes que l'Espagne pouvait tirer de
cette partie de ses possessions par son commerce ex-
clusif, elle imposait encore le pays d'une manière in-
directe en envoyant, pour le gouverneur, une foule
d'employés supérieurs ou subalternes, et d'ecclésias-
tiques dont les revenus épuisaient les caisses du pays.
Le vice-roi a eu jusqu'à 40,000 piastres de traitement;

l'évêque de Buénos-Ayres, près de 20,000 piastres ;
celui du Paraguay, de 8 à 10 mille ; après eux venait
un essaim de gouverneurs, de tribunaux, d'employés
de toutes classes, de chanoines, de bénéficiers, d'ec-
clésiastiques, de moines de tous les ordres, dont les
revenus pouvaient à peine être acquittés par le trésor.

Le trait le plus saillant du caractère des Espagnols
de l'Amérique du Sud, est la paresse : ce vice, si funeste aux nations, leur fait négliger cette foule d'arts
utiles, qui enrichissent les peuples et les anoblissent.
Toutes les carrières qui exigent du travail, de la constance, sont fermées à ces hommes indolens ; toutes
celles qui favorisent leur nonchalance en sont en-
combrées ; aussi voit-on les couvents se remplir,
et les champs rester incultes, les emplois postulés
avec avidité, et l'industrie abandonnée aux dernières
classes du peuple.

La fureur du jeu et l'amour des femmes sont les
passions dominantes des habitans des villes ; l'ivrognerie est une disposition générale parmi le bas
peuple.

Cependant ces peuples ont de la rectitude dans le
jugement, une conception facile, de l'esprit naturel ;
et il est à croire qu'un meilleur système d'éducation,
des institutions mieux adaptées au développement de
leurs facultés, les élèveraient bientôt au niveau des
nations européennes les plus civilisées.

On doit encore ajouter qu'ils sont très-attachés à
leur climat, à leurs usages, à leurs principes d'égalité :
aussi quand ils sont transplantés en Europe au milieu de

nos entraves politiques, de nos codes sociaux, ils soupirent bientôt après leur terre natale, où ils jouissent d'une entière liberté. Cet amour national est général parmi ces peuples; et l'Espagne a contribué elle-même à séparer de sa domination cette partie de ses colonies, en y laissant germer les principes de l'indépendance par la mollesse de son gouvernement et l'impuissance de ses lois.

Tels sont les habitans des villes et des provinces de Buénos-Ayres, le reste de la nation se compose d'agriculteurs et de bergers.

Cette première profession n'est embrassée que par un petit nombre d'individus dénués de toute autre ressource. Ces agriculteurs ne forment pas, comme en Europe, des villages par la réunion de leurs habitations; ils vivent éloignés les uns des autres, et s'établissent au milieu de leurs exploitations; ils sont divisés en districts. Il s'agit ici des Espagnols : car les Indiens convertis réunissent leurs habitations comme en Europe, et forment des bourgades. L'imperfection des outils aratoires, le défaut d'instruction, le peu d'encouragement donné par le gouvernement à l'agriculture : voilà les obstacles qui s'opposent au développement de cette source de la prospérité des nations, du bien-être des peuples et de la réforme des mœurs.

Les bergers ou *estancieros*, quoique plus riches, ont moins de civilisation que les agriculteurs, et les Espagnols qui ont embrassé ce genre de vie sont retombés au niveau de barbarie des Indiens sauvages.

Les bergers sont chargés de la garde de 12 à 15 millions de vaches, de 3 à 4 millions de chevaux et d'un nombre considérable de brebis et de chèvres ; dans ce nombre ne sont compris ni les chevaux ni les vaches sauvages.

Le terrain qu'occupe un troupeau particulier peut avoir depuis quatre lieues carrées jusqu'à dix.

Un surveillant et quelques journaliers servent à la garde d'un troupeau ; ils n'accompagnent pas les bestiaux aux champs comme en Europe ; mais ils se bornent à les rassembler (ce qu'on appelle *el rodeo*) une fois par semaine dans un même lieu, en faisant le tour de leurs possessions au galop et en jettant de grands cris.

Ces pasteurs sont continuellement à cheval ; s'ils entendent la messe, s'ils se réunissent pour boire ou pour l'exercice de leurs fonctions, ils sont constamment sur leurs montures. Au moment de la naissance d'un enfant, ils le prennent dans leurs bras et le promènent à cheval jusqu'à ce qu'il crie. Dès l'âge le plus tendre, ils commencent à se livrer à cet exercice ; aussi ont-ils une agilité inconcevable : si leur coursier s'abat, fût-il lancé au grand galop, ils ont l'adresse de tomber sur les pieds, sans jamais se faire de mal. Ils s'exercent même à éviter le danger des chutes en jetant des anneaux à des chevaux lancés au grand galop : le cheval arrêté par les jambes de derrière s'abat sans que le cavalier éprouve le moindre accident ; c'est au moyen de ces anneaux que les *estanceiros* jettent avec beaucoup d'adresse, qu'ils attrapent les vaches qu'ils veulent tuer.

Du reste, leurs mœurs, leurs usages tiennent à l'état de l'incivilisation la plus complète, et se rapprochent en beaucoup de points de ceux des Sauvages indiens, ainsi que nous l'avons déjà observé.

Les Espagnols, après des guerres longues et sanglantes, ont ou subjugué ou fait des traités de paix avec les Sauvages qui habitaient le territoire de Buénos-Ayres et du Paraguay. Les Jésuites, à leur arrivée en Amérique, ont rassemblé quelques peuplades de Guaranys, sous le titre des *peuples des missions*; parmi lesquelles ils ont introduit une certaine civilisation, et répandu les lumières de la religion chrétienne; mais il est à remarquer que l'époque de leur installation dans le Paraguay est en même temps celle de la décadence de l'empire espagnol. A dater de cette période, les Espagnols n'ont point formé de nouveaux établissemens, fondé de nouvelles villes, ni étendu leurs conquêtes.

Les peuplades Indiennes, reléguées par les Espagnols, au nord de leurs possessions, sont nombreuses; les unes sont encore invaincues, les autres vivent en paix : quelques-unes commercent avec les villes. Voici la dénomination de ces principales nations sauvages.

Les *Charruas* relégués vers le nord de la rive septentrionale de la Plata. Depuis l'établissement de Montevideo en 1724, une partie de cette nation s'est incorporée aux Espagnols : le reste est errant sur les bords de l'Uraguay.

Les *Yaros* exterminés par les Charruas.

Les *Bohames* qui eurent le même sort.

Les *Chanas* qui habitaient les îles de l'Uraguay ; ils se sont mis sous la protection des Espagnols, dans la crainte d'avoir le sort des Yaros et des Bohamés, et se sont incorporés dans la nation Européenne.

Les *Minuanes* établis vers le nord du Parana ; ils s'allièrent aux Charruas, et par la réunion de leurs efforts, ils inquietèrent longtemps les fondateurs de Montevidéo, et des établissemens voisins ; aujourd'hui ils sont peu nombreux.

Les *Pampas*, nation errante dans les plaines immenses situées entre les 36 et 39° ; ils firent longtemps la guerre aux Espagnols qui fondèrent Buénos-Ayres, mais ils ne purent leur résister, et se retirèrent vers le sud ; aujourd'hui ils sont en paix et commercent avec Buénos-Ayres.

Les relations amicales entre les Pampas et les Espagnols datent de 1785 : ces sauvages viennent à Buénos-Ayres, faire l'échange de leurs productions ou de leur chasse, contre de l'eau-de-vie, du bled ou des objets de quincaillerie ; les entrepôts où ils s'arrêtent dans la capitale, se nomment *Coralès*.

Les *Guaranys*, nation plus nombreuse que toutes les autres réunies, établie au nord des Charruas, des Bohamés et des Minuanes ; elle s'étendait sur toute la surface du Brésil, jusqu'aux Guyanes, et dans la province de Chiquitos, jusqu'aux Cordilières. Dans le pays immense qu'elle embrassait, il y avait beaucoup d'autres nations enclavées, telles que les Tupy, les Quayana, les Nuara, les Nalicuega et les Guasarapo ; dont je ne

parlerai pas davantage, parce qu'elles sont peu impor-
tantes.

La partie de la nation des Guaranys, comprise dans
les possessions portugaises, fut soumise à l'esclavage, et
se métisa avec les nègres importés d'Afrique.

Les Espagnols formèrent des colonies chrétiennes
de tous les Guaranys compris dans les contrées dont ils
firent la conquête, et conservèrent même à plusieurs
peuplades de cette nation, la liberté dont elles jouissaient avant leur soumission. Les Jésuites contribuèrent beaucoup à les civiliser, et furent servis en
cela par la barbarie avec laquelle les Portugais trai-
taient les Indiens tombés sous leur joug.

Les *Guanas*, après les Guaranys, forment la nation
la plus nombreuse : elle peut être évaluée à dix mille
individus : elle habitait d'abord le Chaco, aujourd'hui
elle s'est établie à l'est du Paraguay, et s'étend vers le
sud. Ce peuple est pacifique et hospitalier, et des peuplades entières viennent souvent se louer aux Espagnols, pour les travaux de l'agriculture, et même pour
la marine. Leur cacique fait de fréquens voyages à
Buénos-Ayres, pour engager ses sujets à rentrer dans
leurs foyers ; alors il ne manque pas d'aller chez le
vice-roi, qui lui fait quelques présens.

Les *Ymbayes* habitent la province d'Itati. Ils mirent les établissemens du Paraguay à deux doigts de
leur perte, en 1746 : on fit avec eux une paix qui n'a
pas été interrompue.

Les *Paraguas*, nation forte et puissante, qui donna
son nom au Paraguay : elle est alliée aux Espagnols.

Lenguas, nation nomade dans le Chaco, autrefois puissante et belliqueuse , maintenant presque éteinte par suite de ses guerres.

Les *Machicuys*, habitent le Chaco, sur les rives de la petite rivière de Lacta. Cette nation est partagée en dix - neuf hordes ; une d'elles habite des cavernes souterraines , creusées des mains de ses habitans : elle peut avoir en tout, quatorze cents guerriers.

Les *Enemigas*, habitent le nord-ouest du Paraguay. Cette nation , épuisée par de longues guerres, est réduite à peu de chose.

Les *Guentuses*, voisins et alliés des Enemigas, vivent d'agriculture et de chasse.

Les *Tobas* habitent le Chaco vers la rivière Pilcomaya ; ils ont cinq cents guerriers.

Les *Pitilogas*, dans la même province que les précédens, ont deux cents guerriers. Ces sauvages , ainsi que les précédens, bornent leurs expéditions contre les Espagnols, à venir leur voler des chevaux et des vaches.

Il existe encore dans l'intérieur du Chaco différentes nations Indiennes, telles que les Aguitots , les Mocobys, qui peuvent avoir deux mille guerriers, et qu'on a cherché en vain à coloniser.

Les *Abipons* , soumis et en paix avec les Espagnols qui les ont laissés dans la liberté la plus complète.

Les *Vilelas* et *Chumypys* , habitant les environs de Salta, nations pacifiques.

Les *Jarayes*, qui vivent dans les marais de Matagroso.

Toutes les autres nations de la province de Chiquitos, enclavées dans le territoire occupé par les Guaranys, ont été soumises aux Espagnols.

Il nous reste, après la nomenclature de ces nations
errantes ou stables, à donner quelques détails propres
à les faire connaître.

Ce qui étonne, et donne matière à des réflexions
profondes sur l'antiquité de ces peuples, c'est la di-
versité de leurs langues, qui n'ont aucune analogie
entr'elles, quoique souvent ils soient voisins. Si,
comme tout l'annonce, ils sont d'une antique origine, et qu'ils soient les premiers habitans de cette
contrée, pourquoi la marche du temps qui a amené en
Europe la civilisation, qui a élevé les sciences et les
arts au plus haut degré, a-t-elle refusé cet avantage à
ces peuples qui semblent sortir des mains de la nature?
Cette question, par son importance, est de nature à
occuper le génie des philosophes, qui s'exercent à dé-
voiler le secret souvent impénétrable de la Provi-
dence.

Il est faux que les Indiens soient antropophages; ils
se nourrissent de chasse, de pêche et et d'agriculture.
En général, ils n'ont aucune religion ni pratique superstitieuse : la plus grande partie des nations que nous
avons citées, ne reconnaît aucune hiérarchie de pouvoir; et leurs caciques n'ont aucun droit, aucune autorité sur le reste de la peuplade, excepté en temps
de guerre. Les principes d'égalité paraissent donc appartenir au sol de l'Amérique, puisqu'il se manifeste
même parmi les sauvages. Les hommes sont généra-

lementforts : ils ne connaissent point les maladies qui affligent les Européens, et atteignent un âge très-avancé. La polygamie est autorisée pour les hommes, l'adultère est fréquent, et n'a pas de suites dangereuses; les Indiens de quelques-unes de ces hordes, se font un devoir de présenter leurs femmes ou leurs filles à l'étranger qu'ils reçoivent; les femmes se peignent la figure à l'âge de leur première menstruation; les hommes se percent la lèvre inférieure à l'âge de la virilité.

A la guerre, ils se servent de flèches, de lances ou de balles qu'ils jettent avec la plus grande adresse et avec beaucoup de force; ils n'apprennent rien à leurs enfans, et ne leur défendent rien; aussi ces derniers n'ont-ils aucun respect pour leurs parents. Une pratique horrible, assez répandue parmi les femmes, est de tuer tous les enfans du sexe féminin qu'elles produisent après le premier; mais elles élèvent tous les mâles. Lorsqu'on les blâme de cette coutume barbare, elles répondent que s'il existait trop de femmes, les hommes les dédaigneraient. A la mort d'un Indien, ses parents manifestent leur douleur, en se mutilant de la manière la plus affreuse. Les hommes montent parfaitement à cheval, font la guerre avec intrépidité, et possèdent un grand art pour éclairer et surprendre leurs ennemis.

Du reste, les Sauvages n'ont aucune notion de la hiérarchie qui divise la société en Europe, des aisances qui enfantent la mollesse, des jouissances qui naissent de la délicatesse des sentimens ; ce sont des hommes bruts qui ne connaissent ni les grandes vertus, ni les grands crimes , ils n'agissent que par l'instinct de leurs besoins.

Quelques-unes de ces nations, cependant, ont un orgueil naturel qui naît de leurs succès à la guerre ou de la tradition de leur antiquité ; d'autres observent religieusement leurs traités politiques, et sous ce rapport, ils pourraient faire honte aux Européens.

Tels sont les traits caractéristiques des nations sauvages qui ont fui jusqu'à ce jour la domination des Espagnols. Il est à espérer que les Américains, placés sous un gouvernement libre, éclairé et tutélaire, chercheront à s'incorporer ces nations errantes et barbares en les attirant par la douceur et la persuasion, en leur faisant aimer l'agriculture qui tempère les mœurs et les arts qui les polissent.

La civilisation, la liberté et l'amour national, réunissant ainsi cette variété d'hommes de tant d'origines, en formera une nation puissante qui, au lieu de fouiller le sein de la terre pour y chercher un vil métal, à l'exemple des premiers conquérants, tireront des trésors plus purs, plus nobles en y jettant le germe de ces riches productions coloniales, que ce climat brûlant peut féconder. Le travail des fabriques, la navigation, le commerce occuperont ceux qui ne se voueront pas à la noble profession d'agriculteurs ; enfin l'Amérique méridionale, si longtemps habitée par des esclaves ou par des tyrans, ne le sera plus que par des citoyens égaux, libres et laborieux.

CHAPITRE VI.

Commencement de la Révolution; efforts des Royalistes pour en arrêter les progrès.—Evénemens du Pérou et de la Bande Orientale, et siége de Montevideo. — Différentes formes que prend le Gouvernement.

Nous avons vu, à la fin du chapitre précédent, que la junte de Séville, suspectant la fidélité du général Linier, en raison de sa qualité de Français, loin de le confirmer dans le commandement de Buénos-Ayres, lui avait envoyé un successeur dans la personne de Cisneros. Ce vice-roi connaissait la situation critique de l'Espagne ; l'armée française avait passé la Sierra-Morena, et envahi toute la péninsule, jusqu'à l'île de Léon, forçant le gouvernement provisoire à se retirer à Cadix. Pressentant dès-lors le sort de l'Amérique, il adressa au peuple, cette célèbre proclamation, qui acheva de soulever les habitans de Buénos-Ayres, déjà suffisamment portés à se déclarer libres, par l'exemple de la révolution de l'Amérique du nord, et par celle de France, plus récente encore : les Portenos, d'ailleurs, venaient de se faire une idée de leurs propres forces, par la défaite des Anglais. Un petit nombre d'hommes hardis, résolurent donc de secouer le joug de l'Espagne. Don Juan-Jose Castelli, don Manuel Belgrano, don Filiciano Chiclana, don Juan-Jose Paso, don Hipolito Vyeites, don Nicolas Pena, don

Jose Daragueira, don Francisco Paso, don Florencio
Terrada, don Martin Tompson, don Ramon Vyeites,
don Juan-Ramon Balcarsel, don Antonio-Luis Beruti,
don Martin Rodriguez, don Agustin Dorado, don Ma-
thias Yrigoyen, réunis en secret, et sans autres ressources que leur patriotisme, surent, non-seulement,
gagner une partie des troupes, mais encore réussirent
à s'attirer l'amitié et la confiance des citoyens. Le 25
mai 1810, la révolution éclata, et le même jour, le
vice-roi fut remplacé par une Junte (composée de
neuf membres), chargée de prendre la direction du
Gouvernement. Ce mouvement se fit sans qu'il eût
coulé une seule goutte de sang.

On se contenta alors de former un gouvernement
qui, sous le nom de Ferdinand VII, donnait à la province quelque influence dans les affaires politiques, et
la détachait de l'autorité du vice-roi; mais les Espagnols qui occupaient les premières places, virent
avec peine qu'ils étaient sur le point de perdre l'autorité dont ils avaient joui jusqu'alors. Les auditeurs,
particulièrement, ne dissimulèrent pas leur mécontentement. La Junte les fit transporter aux Canaries,
avec le vice-roi Cisneros, qui, avec plus de caractère, aurait pu consommer la révolution, à laquelle il
donna le mouvement en publiant une proclamation
où respirait l'esprit d'indépendance le plus complet, et
où il disait que les Américains s'étaient élevés à la
dignité d'hommes libres.

La marine royale se retira à Montevideo, où elle
trouva d'abord quelque résistance; mais bientôt, aidée

des Portugais, elle dispersa le parti libéral, et envoya en Espagne les chefs de ce parti, chargés de chaînes.

Les gouverneurs des provinces de l'intérieur, armèrent bientôt pour arrêter le cours de cette révolution; mais la junte, le peuple, et même le bas clergé qui aurait pu suivre l'exemple des évêques, montrèrent la plus grande énergie, et attirèrent bientôt toutes les provinces dans la même cause.

Une expédition auxiliaire fut formée pour aider ces provinces à secouer le joug de leurs gouverneurs Elle était commandée par don Antonio Ocampos, et don Hipolito Vyeites; elle marcha contre le général Linier, qui avait su engager Concha, gouverneur de Cordova, où il s'était retiré, à marcher contre Buénos-Ayres, avec le peu de troupes qu'il put réunir. Mais cet effort ne fut point couronné de succès; et bientôt, abandonnés de leurs soldats, le général Linier, Concha, et l'évêque de Buénos-Ayres Orellana, tombèrent au pouvoir de l'armée auxiliaire. Le général Linier avait beaucoup d'influence, non seulement sur les troupes de Buénos-Ayres, mais encore sur le peuple, et sa présence seule aurait pu arrêter les progrès de la révolution : en raison de ces considérations, le gouvernement crut sa mort nécessaire, et il fut exécuté avec le gouverneur Concha, entre la poste dite Cabeza del Tigre, et celle de Lobaton; l'évêque Orellana fut exilé.

Sanz, gouverneur du Potosi, et Niéto, président de Barcas, firent aussi des efforts inutiles pour arrêter le torrent révolutionnaire ; ils furent pris et fusillés, ainsi que le major-général *Cordova*, après la victoire de Zuipacha, gagnée par l'armée auxiliaire, sous les ordres du général Balcarsel.

Les membres de la première junte furent bientôt remplacés par des députés des provinces : mode de représentation nationale, plus propre au développement d'un gouvernement libre. Ce nouveau conseil nomma le général don Manuel Belgrano, commandant d'une expédition destinée à marcher sur le Paraguay, encore comprimé par le gouverneur Velasco. Cette entreprise ne fut pas heureuse, et ce général se retira après trois actions assez sanglantes ; mais il eut l'adresse de faire germer dans cette contrée la cause de l'indépendance, en y jettant un grand nombre de proclamations, et en entretenant avec les libéraux des relations suivies qui entraînèrent bientôt cette province dans le mouvement général.

La ville de Montevideo, qui doit sa fondation aux efforts et aux sacrifices que fit Buénos-Ayres en 1730 pour son agrandissement, et qui est devenue une ville importante, d'une population de quinze mille âmes, ouvrit ses portes à tous les mécontens, et commença à agir réellement contre ses fondateurs, après l'arrivée d'Elio, nommé vice-roi de Buénos-Ayres, le même qui commande aujourd'hui la province de Valence. Celui-ci voulut d'abord asservir toute la Bande Orientale. (On nomme *Bande Orientale*, tout le pays qui se trouve sur la rive gauche de la Plata, et qui dépendait de la vice-royauté de Buénos-Ayres) ; mais il en connut les difficultés, après les revers qu'il essuya dans cette entreprise.

Le nouveau gouvernement de Buénos-Ayres, voulant éviter le retour des mouvemens qui éclatèrent les 5 et 6 avril, et qui furent provoqués par la malveillance d'un parti qui prétendait que le gouvernement voulait vendre l'état aux Portugais, sentit la nécessité d'établir une junte dans chaque province, et de publier la liberté de la presse; elle s'occupa également de soutenir et d'encourager l'insurrection de la Bande Orientale, qui obtenait chaque jour de nouveaux succès. Don Benancio Benavidès s'était emparé de Canelones, et don Juan Artigas, avait gagné l'action de San-José, lorsqu'ils furent soutenus par un corps de troupes commandé par don José Rondeau, envoyé de Buénos-Ayres. Au moyen de ce renfort, don Manuel Artigas s'empara de San-Carlos et de Maldonado, deux petites villes placées à l'embouchure de la rivière de la Plata. Le vice-roi Elio, voulant arrêter des progrès si rapides, se mit à la tête de douze cent trente hommes, de ses meilleures troupes, soutenues par un bon train d'artillerie, et vint occuper les positions de Las Piedras, où il fut battu par don José Artigas, commandant une troupe bien inférieure en nombre et en armes, mais qui savait oublier jusqu'à sa nudité.

Elio, déconcerté par ces pertes, et apprenant que le général Rondeau marchait sur Montevideo, pour en faire le siége, essaya de parlementer avec le gouvernement de Buénos-Ayres; mais celui-ci, informé dans le même temps des progrès de l'insurrection du Para-

guay, répondit à Elio avec fermeté, et ne lui laissa
d'autre parti à prendre, que la soumission. Furieux de
trouver tant d'énergie dans les indépendans, il envoya Michilena avec cinq batimens, pour brûler Buénos-Ayres; celui-ci intima à la ville l'ordre de se
rendre, et sur la réponse négative qui lui fut faite, il
commença un bombardement, qui lui fut plus désa-
vantageux qu'à la capitale.

Le général Rondeau, s'étant approché de Montevideo, commença le siége, et le poursuivit avec activité;
il était sur le point de manquer de munition, lorsque
l'intrépide don José Quesada, à la tête d'un faible détachement, et à l'aide de quelques embarcations, s'empara de l'île de Las Ratas, qu'il n'abandonna qu'après
avoir encloué toute l'artillerie, et enlevé un fort ap-
provisionnement de poudre. Cette ressource mit les
troupes à même de continuer le siége de Montevideo.

Les Portugais, sous prétexte de défendre le territoire du Roi d'Espagne, venaient de pénétrer dans la
Bande Orientale; ils firent des propositions honteuses
au gouvernement, qui les rejetta avec indignation. On
avait appris, cependant, que l'armée indépendante du
Pérou, forte de six mille hommes, et commandée par
le général Castelli, qui occupait déjà les environs du
Désaguadèro, avait été battue par le général Goyenèche; il paraît que le commandant des forces de Buénos-Ayres, s'étant laissé amuser par des négociations
illusoires, fit un armistice avec les Espagnols, et que
six jours avant l'expiration du traité, les troupes indépendantes furent attaquées, au mépris de la conven-

tion, et pendant qu'elles se livraient encore au repos. Une partie fut battue à *Guaqui*, l'autre, qui s'était portée à *Chibiraya*, fut obligée d'abandonner cette position avantageuse. Tout le Pérou rentra sous la domination des Espagnols, par suite de cette circonstance.

La Junte, cependant, ne se laissa pas abattre par ce revers, et ses proclamations énergiques relevèrent l'esprit public. Dans des conjonctures aussi difficiles, elle crut nécessaire de créer un pouvoir exécutif ; la direction en fut confiée à trois personnes, don Juan José Pasos, don Féliciano Chiclana, et don Manuel Zarratea ; mais bientôt ce directoire abusa du pouvoir qui lui avait été confié, et les députés des provinces furent privés par lui, des seuls droits qu'ils s'étaient réservés, en déléguant généreusement une partie de leur autorité, et furent renvoyés dans leurs foyers, où ils portèrent le trouble et le mécontentement ; alors la capitale fut déchirée par les factions qui prirent naissance dans cette division intestine. Les personnes exilées après les mouvemens des 5 et 6 avril rentrèrent, et l'évêque Orellana, rappelé à Buénos-Ayres, reprit l'exercice de ses fonctions. Le premier régiment refusa même d'obéir à ses chefs, et se mit en état de défense dans sa caserne ; mais assiégé de toutes parts, il fut forcé de se soumettre. Onze individus furent les victimes que le gouvernement fit exécuter à la suite de cette révolte.

Pendant ces événemens, les Indiens de la Paz, qui venaient de se révolter, assiégèrent la ville de ce nom et battirent les troupes de Sombrera. Don Estevan Arce, à la tête d'un parti, s'était aussi emparé de Cochabamba; mais ces faibles avantages n'empêchèrent pas le vainqueur de Guaqui de rester maître du Pérou. Le Potosi avait été abandonné, et les fonds n'avaient pu être sauvés que par la bravoure de don Juan Martin Puiredon, qui exécuta, avec un petit corps de troupes, et dans un pays immense, une retraite digne d'admiration.

Le siége de Montevideo fut un moment interrompu par suite d'un armistice conclu entre cette ville et Buénos-Ayres; mais les Portugais, au lieu de se retirer des environs de cette ville, ainsi que l'armistice l'indiquait, se répandirent dans le pays. C'est alors qu'Artigas et ses troupes les firent repentir de leur mauvaise foi par divers succès remportés sur eux. Ils réussirent cependant à faire rompre le traité d'armistice, et la ville et le port de Montevideo furent bloqués de nouveau. Dans ces circonstances urgentes, le gouvernement de Buénos-Ayres s'empara des propriétés des émigrés, et créa une contribution annuelle de six cent trente-huit mille piastres. Aidé de ces ressources, il forma un état-major, améliora la discipline des troupes, et renforça l'armée du Pérou.

Un des trois membres du corps exécutif devait être remplacé tous les six mois; l'assemblée qui devait nommer les candidats, et qui avait huit jours seulement pour délibérer, jetta les yeux sur Puiredon, déjà connu pour avoir sauvé les fonds du Potosi; mais cette assemblée fut bientôt dissoute.

Tandis que les troupes de Buénos-Ayres se retiraient sur le Tucuman, le général indépendant Arce battit un parti de Goyenèche; celui-ci, cependant, ne voulant pas abandonner des avantages qu'il avait obtenus précédemment, se décida à marcher sur Cochabamba. Le général Arce lui en défendit les approches avec courage; mais il fut obligé de céder à la force. Les habitans de cette malheureuse ville, voulant résister au vainqueur, donnèrent des preuves du patriotisme le plus exalté; les femmes même se mirent dans les rangs; et, malgré l'opposition du président Antesanua, il se livra un combat opiniâtre, dans lequel les troupes royales eurent l'avantage. La ville fut livrée au pillage, et Goyenèche, lui-même, donna l'exemple du désordre. En mémoire de l'héroïsme que les femmes montrèrent en défendant les murs de Cochabamba, pendant quelque temps, on les demandait à l'appel, et le capitaine de chaque compagnie répondait : *Mortes au champ d'honneur*. La conduite de ce général, après la prise de Cochabamba, devint encore plus barbare; mais, loin d'affaiblir le patriotisme des citoyens par ce système de sévérité, il ne fit qu'augmenter leur haine et doubler leurs forces. Ses troupes étaient journellement attaquées, avec fureur, par de nouveaux partis.

Les Espagnols, néanmoins, s'approchaient du Tucuman; déjà ils occupaient Salta et Jujui; Goyenèche détacha trois mille hommes et treize pièces d'artillerie, sous les ordres de don Pedro Tristan, pour attaquer le général Belgrano, qui avait pris le commandement de l'armée du Pérou, composée à peu près de seize cents recrues. Il fut attaqué le 24 septembre ; mais, grâces à l'intrépidité des troupes et aux efforts des habitans du Tucuman, l'ennemi fut complètement battu, et perdit toute son artillerie.

Peu de temps avant cette victoire mémorable, Artigas, commandant les troupes de la Bande Orientale, avait défait un parti portugais. Ce fut à la suite de cet avantage que le Brésil proposa un accommodement au gouvernement de Buénos-Ayres, qui l'accepta sous la garantie de l'Angleterre.

Tandis que les Espagnols s'emparaient de Cochabamba, et couvraient de deuil tout le Pérou, les partisans de l'Espagne résidans à Buénos-Ayres, ayant don Martin Alzaga à leur tête, cherchèrent à profiter de ces circonstances malheureuses pour changer la face des choses ; ils n'attendaient que le moment favorable à leurs desseins pour exterminer tout ce qui était américain. Mais leur complot fut découvert au moment où ils étaient prêts à le mettre à exécution, et ils périrent tous sur l'échafaud.

Peu de temps après, Don Manuel Zaratea passa à la Bande Orientale, comme général et représentant, afin de rétablir le siége de Montevideo. Son éléction n'avait pas plu à Artigas ; aussi fit-il tous ses efforts pour empêcher l'exécution de ses projets. L'union cependant, parut se rétablir un moment, et quelques corps, sous les ordres du général Rondeau, s'approchèrent de la place. Le gouverneur de cette ville, appelé *Bigodet*, sachant que toute l'armée n'était pas réunie, fit une sortie à la tête de trois mille hommes soutenus par treize pièces d'artillerie, le 31 décem-

bre 1812. Cette affaire, dite del Cerillo, fut sanglante
et bien disputée ; mais les Espagnols furent obligés de
rentrer dans la place, après avoir éprouvé une perte
considérable, et abandonné leurs canons. Le général
Soler, dont on aura occasion de parler, donna, dans
cette action, des preuves de la plus grande intrépidité:
on lui dut même une partie des avantages de cette
journée.

Quelque tems avant ces événemens, à peu près dans
le moment où l'on apprenait à Buénos-Ayres la victoire du Tucuman, le docteur don Pedro Medrano
fut choisi pour remplacer le membre du gouvernement qui devait être élu à cette époque. Plusieurs
individus, mécontens de cette élection, firent soulever une partie du peuple, et l'élection fut annullée ;
mais bientôt un autre mouvement populaire changea
entièrement le gouvernement, et don Jose Pasos, don
Nicolas Pena, et don Antonio-Alvarez Jonte, furent
nommés membres de la junte. Une nouvelle conspira-
ration, tramée par les Espagnols qui habitaient Buénos-Ayres et par ceux de Montevideo, leur donna bientôt
l'occasion de développer leur énergie. A la suite de la
découverte de ce complot, cinq personnes furent
exécutées, et leurs corps exposés au public.

Don Manuel Zaratea ayant quitté la Bande Orientale, l'union des troupes devint plus intime, et les
assiégeans se trouvèrent plus en état de repousser les
sorties des assiégés, qui, aidés de leur marine faisaient
journellement quelques excursions le long des côtes
de la Plata. Deux cent-cinquante hommes ayant dé-
barqué à San-Lorenzo, le général Saint-Martin, qui

commande aujourd'hui l'armée du Chili, les culbuta avec un nombre de troupes bien inférieur.

Ce fut quelque temps après cet avantage que le général indépendant Belgrano, ayant poursuivi le général Tristan, commandant un corps du Pérou, l'atteignit à Salta, et remporta sur lui une victoire complète; mais sa grandeur d'ame l'ayant porté à renvoyer sur parole le général Tristan et ses troupes prisonnières, ils eurent bientôt la lâcheté d'oublier leurs sermens, et de reprendre les armes contre leurs libérateurs.

Goyenèche ayant appris que ses troupes avaient été battues, se retira à Oruro, où il demanda un armistice à Belgrano : il lui fut accordé, mais la perfidie espagnole le rendit de peu de durée. Goyenèche fut bientôt remplacé dans le commandement des troupes par le général Pezuela, que le vice-roi de Lima, effrayé du résultat de l'affaire de Salta, envoya à Oruro avec un renfort; celui-ci marcha contre le général Belgrano, et le battit à Vilcapujio, avec les mêmes troupes à qui il avait donné la liberté après l'affaire de Salta. Les Espagnols se rendirent donc encore maîtres de tout le haut Pérou, et les débris de l'armée de Buénos-Ayres se retirèrent encore une fois sur le Tucuman.

L'assemblée nationale, créée par le gouvernement, tint sa première session le 13 janvier 1813, et déclara la liberté des esclaves nés depuis sa création. Elle abolit aussi le *mita* ou servitude, et le tribut parmi les Indiens.

CHAPITRE VII.

Soulèvement des provinces du Pérou et des Indiens. — Suite du siége de Montevideo, et conduite d'Artigas. — Chute d'Alvear. — Nouveaux événemens du Pérou. — Installation du souverain congrès. — Nomination de Puiredon. — Organisation de l'armée de Los Andes.

Les avantages que les Espagnols venaient de remporter dans le Pérou, sous les ordres de Pezuela, paraissaient devoir pacifier cette province; mais l'enthousiasme patriotique prit, au contraire, un nouvel essor. Le parti que formaient les habitans de Cochabamba, s'était retiré dans la vallée *Grande*; ils y éprouvèrent d'abord quelques revers, qui ne les abattirent pas, et le général Varnes, qui les commandait, ayant eu l'avantage dans l'affaire de *la Florida*, il retarda un peu la marche de l'ennemi; peu de temps après, le même Varnes s'étant dirigé sur Chiquitos, battit complètement les troupes du roi.

La province de Chayanta, dont le général Camargo s'était emparé, après avoir détruit plusieurs partis ennemis, secoua aussi le joug espagnol.

D'un autre côté, Padilla s'étant fixé à Yamparez, obtint divers avantages sur Tacon, général commandant les Espagnols, et rendit sa position, dans cette partie, difficile et incertaine. Les Indiens de Pilima attaquèrent de toutes parts les troupes royales, et par leur énergie, parvinrent à reconquérir leur liberté.

Tandis que les garnisons que Pezuela avait laissées dans le Pérou étaient ainsi maltraitées de toutes parts, il était lui-même dans une position embarrassante à Salta et à Jujui, qu'il occupait; fatigué par les attaques continuelles des *Gauchos* (paysans), sous les ordres du capitaine Zarabia, ainsi que par les partisans que commandait Güemez qui lui avait enlevé tous ses convois, il se vit obligé d'abandonner sa position, et de retourner dans l'intérieur pour secourir ses garnisons. Ce fut dans ces circonstances qu'il fit juger et condamner à mort don Saturnino Castro, qui servait sous ses ordres. Cet homme, après avoir abandonné le parti des patriotes, avait voulu, par une conspiration adroitement tramée dans le silence, effacer la bassesse de sa conduite; et il lui sembla que le meilleur moyen de faire oublier sa faute était de délivrer sa patrie du joug des Espagnols : découvert par Pezuela, il reçut le juste châtiment réservé aux traîtres.

Le général Pezuela chercha à rétablir l'ordre dans le Pérou par la sévérité; mais ses cruautés firent l'effet contraire. Le Cusco se souleva bientôt, et du sein de ces provinces, unies à la cause des patriotes, on vit bientôt sortir des héros.

Pinelo et le docteur Muneca s'emparèrent de la Paz; les Espagnols, en quittant cette ville, empoisonnèrent les eaux, et creusèrent deux mines; l'une d'elles éclata, et l'on porte à cent-cinquante, d'autres à trois cents, le nombre des personnes qui périrent dans cette occasion. Les Indiens, irrités de cette atrocité, égorgèrent presque tous les Espagnols trouvés dans la place, ainsi que le gouverneur Valdehoyos. Pinelo, et le docteur Muneca, réunirent ensuite huit cents hommes, avec lesquels ils marchèrent contre Pezuela, qui s'avançait sur eux; mais ils ne purent résister à la supériorité du nombre, et ils furent battus.

L'indien Pumakagua, à la tête d'un parti, s'étant porté sur Arequipa, détruisit un corps de mille Espagnols, et prit le gouverneur de cette ville Moscozo, ainsi que les autres chefs Picoaga et Lavalle, qui furent conduits au Cusco, et égorgés, par son ordre, dans les prisons où ils étaient renfermés; plus de deux cents Espagnols subirent le même sort. Cependant, la défaite de Pinelo et Muneca força Pumakagua à se retirer au Cusco. L'espagnol Ramirez profita de sa retraite pour entrer dans Arequipa, où il renouvela les horreurs de la Paz.

Trois frères Indiens, appelés los Angulos, ne se distinguèrent pas moins que les précédens. L'un d'eux défit quatre cents hommes de Talavera, que le viceroi de Lima avait détachés; mais presque tous ces chefs furent faits prisonniers au Cusco. Après la prise d'Arequipa, les trois Angulos, Pinelo, et Pumakagua furent exécutés; la tête de ce dernier fut portée au bout d'une pique à Simari, qui avait été sa résidence.

Ces partis indiens étaient, presque toujours, très-nombreux, mais mal armés, et incapables de résister

à une force bien disciplinée. Ceux qui entrèrent à
Arequipa , sous les ordres de Pumakagua, étaient au
moins dix mille ; et , ce qu'il y a de plus étrange , c'est
que pendant le peu de temps qu'ils restèrent dans
cette ville , on n'eût à se plaindre d'aucun excès de
leur part. Chaque Indien est accompagné de sa femme
et de sa famille dans ces expéditions guerrières.

Pendant que tous ces événemens se passaient dans
le Pérou , le gouvernement de Buenos-Ayres avait été
changé et confié à un seul directeur, don Gervasio
Posadas. Cette forme de gouvernement arrêta, pour
le moment, les excès qui avaient eu lieu précédemment.

Le siége de Montevideo continuait toujours, et ce
fut dans le moment où le nouveau directeur fut nommé,
que l'armée découvrit un complot horrible formé par
les Espagnols ; leurs agens, saisis dans le camp, furent
exécutés. Un autre événement jeta bientôt la confusion dans l'armée, et retarda les opérations du siége.
Le général Artigas, cet homme singulier, qui avait
pris un tel ascendant sur les Orientaux, que chaque
habitant était forcé de rechercher son amitié, ou de
craindre son ressentiment, et qui joignait à un patriotisme exalté une espèce de despotisme , auquel
les Orientaux étaient déjà habitués ; cet homme ,
dis - je , mécontent du gouvernement de Buénos-
Ayres , qui n'agissait pas selon ses idées, semait
la division parmi les troupes. Le général Rondeau,
qui commandait le siége, reçut l'ordre du gouvernement de Buenos-Ayres de convoquer un congrès orien-

tal pour élire les députés qui devaient siéger à l'assemblée nationale, et pour nommer, en même-temps,
le gouverneur de la province. Ces arrangemens paraissaient devoir arrêter toutes discussions. Mais Artigas,
qui craignait de perdre son autorité, ordonna aux électeurs de se présenter dans son camp, et il cassa ce congrès qui travaillait contre ses intentions; malgré cette
opposition ouverte, les décisions du congrès n'en furent
pas moins suivies, et ses actes exécutés avec soumission.
Artigas alors fit, peu-à-peu, disparaître ses troupes,
et lui-même, habillé en *gaucho*, abandonna bientôt le
camp de Montevideo, laissant l'aîle droite de la ligne
flanquée par l'ennemi. Quelques officiers et soldats de
la Bande Orientale ne suivirent cependant pas un
exemple aussi funeste, et restèrent à l'armée.

A la suite de ces événemens malheureux, on pensa
plusieurs fois à lever le siége; et, après quelques ordres
donnés et révoqués, les camps furent enfin abandonnés et dévastés. L'ennemi, cependant, crut que ce
n'était qu'une ruse, et n'osa suivre les troupes; mais les
habitans ne purent résister au besoin de respirer un
air plus pur, ils sortirent en foule. L'arrière-garde,
commandée par le colonel Franc, qui n'avait pas encore abandonné le camp, fit feu sur cette populace, et
cachant ainsi la faiblesse de l'armée, confirma l'ennemi dans son opinion.

Quelques jours après, il arriva des fonds de Buénos-
Ayres, et l'on reçut la nouvelle qu'une flotille se préparait à protéger les opérations. Tout alors changea
d'aspect; les fuyards revinrent en grande partie; les

villes voisines offrirent des secours, et le siége recommença avec une nouvelle activité.

Le directeur Pozada, furieux de la désertion d'Artigas, le déclara infâme, privé de ses emplois, hors la loi, et mit sa tête à prix pour six mille piastres. Cette circonstance ne fit qu'augmenter le parti d'Artigas, et la réconciliation devint impossible.

Le général Rondeau avait cédé le commandement du siége au colonel Alvear, qui, redoublant de persévérance, obtint de grands avantages. La flotille, sous les ordres de l'amiral Brown, s'empara du port après avoir battu la flotte espagnole ; et enfin la place, réduite aux extrémités, se rendit, malgré les efforts du gouverneur Bigodet, et de Torguez.

Le gouvernement voulant reconnaître le service que venait de rendre le colonel Alvear, lui donna le commandement de l'armée du Pérou, alors sous les ordres du général Rondeau, qui avait si long-temps dirigé les opérations du siége de Montevideo. Le général Alvear se mit donc en route pour prendre le commandement auquel il était destiné ; mais il apprit en route que l'armée avait ordonné au général Rondeau de conserver le commandement, et qu'il ne serait pas reçu. Il paraît que les chefs s'étaient imaginés qu'il allait faire de grands changemens ; de plus, ils avaient vu un officier, don Ventura Basquez, qui avait toute la confiance du gouvernement, porter des dépêches secrètes à Pezuela : on avait aussi su leur persuader que des députés avaient été envoyés en Espagne. Craignant donc une trahison, ils refusèrent d'obéir aux ordres du gouvernement. Alvear revint à Buénos-Ayres, et l'assemblée nationale le nomma directeur de l'état. Cette élection causa un mécontentement presque général; l'armée du Pérou refusa de reconnaître le nouveau directeur. La ville de Cordova se sépara de Buénos-Ayres; et Santa-Fé, influencée par Artigas, suivit le même exemple.

Alvear, effrayé du danger qui le menaçait, ne chercha alors qu'à augmenter son parti, en gagnant les uns par l'espérance des honneurs, et en effrayant les autres par la crainte des châtimens. Il établit un camp dans les environs de Buénos-Ayres; et, en peu de temps, ses talens et son activité lui donnèrent des moyens suffisans pour organiser une armée de six à sept mille hommes, la mieux disciplinée qu'eût vue la capitale depuis le commencement de la révolution. Il força aussi le *Cabildo* à lancer une proclamation odieuse contre Artigas; cette démarche ne fit qu'augmenter le désir de vengeance de ce dernier.

Cependant l'issue des efforts d'Alvear ne répondit pas à ses espérances, et, voyant que le peuple était loin de se conformer à ses idées, il se décida à se servir de l'armée pour l'assujettir. Il marcha donc contre Buénos-Ayres; mais le colonel don Ignacio Alvarez, qui commandait son avant-garde composée de 300 hommes, honteux d'être l'instrument de l'ambition d'Alvear, ou peut-être aussi jaloux de son mérite, l'abandonna, prit le parti du peuple, et fit saisir plusieurs officiers qui lui parurent suspects, entre autres, le major-général *Viana*, qui venait le remplacer.

Plusieurs détachemens s'étant réunis à lui, ainsi que les milices de la campagne, le cabildo de Buénos-Ayres se saisit des rênes du gouvernement, et toute la ville prit les armes. Le directeur Alvear, abandonné par une partie de ses troupes, fut obligé de céder, et se réfugia sur une frégate anglaise en station dans le port. L'assemblée nationale et tous ses partisans furent enveloppés dans sa ruine. Un nouveau corps d'électeurs fut formé pour lui donner un successeur, et nomma à cet effet le général Rondeau, alors au Pérou. Le colonel Alvarez, comme un des principaux auteurs de la dernière révolution, fut élu son suppléant avec le titre de directeur provisoire.

La chute d'Alvear entraîna celle d'une foule de citoyens ; tous ses partisans furent exilés, et l'assemblée nationale, enveloppée dans sa disgrâce, fut dissoute. Une des victimes sacrifiée dans cette révolution fut un Français, lieutenant-colonel depuis longtemps, et qui, de l'aveu de tout le monde, avait déjà rendu des services importans au pays. Il fut accusé d'avoir refusé de remettre au peuple un poste qui lui avait été confié par son général ; injustement reconnu criminel, il fut condamné à mort, et exécuté comme s'il existait un seul cas où l'officier subalterne pouvait répondre des fautes de son supérieur.

La nomination du général Rondeau ne consolida pas la tranquillité publique ; on se rappelait toujours que le pouvoir exécutif avait à peine été installé, qu'il avait abusé de son autorité. Cette raison engagea donc à créer un contrepoids qui pût balancer sa puissance ;

c'est alors que fut installée la junte d'observation destinée à veiller sur les opérations du gouvernement,
et à ne rien permettre de contraire au bien public.
Un des avantages que promettait ce changement étant
l'union espérée de Buénos-Ayres et de la Bande orientale : le Cabildo fit brûler par la main du bourreau,
la proclamation que lui avait arrachée Alvear contre
Artigas ; mais malgré toute la modération que pût
montrer le nouveau gouvernement, la réconciliation
fut impossible.

La Bande Orientale ne voulut rien céder, ou
plutôt le chef qui la dirigeait, craignait de perdre
cette autorité qu'il s'était acquise au milieu des troubles. Le gouvernement, voyant ses négociations in-
fructueuses, songea à les appuyer par la force, et
se décida à envoyer des troupes contre ces provinces. Il en confia le commandement au colonel Viamont, qui se dirigea sur Santa-Fé, point d'où Artigas
propageait ses doctrines séditieuses , contraires à
l'intérêt de Buénos-Ayres. Le colonel Viamont chercha d'abord à rassurer les habitans de Santa-Fé par les
promesses les plus flatteuses , la garantie d'une entière
liberté et l'assurance que la troupe n'aurait aucune
influence dans leurs affaires. Mais la mort de Can-
diotte, gouverneur de Santa-Fé, arrivée dans ces circonstances, donna lieu aux plus grands désordres ;
chacun voulut faire valoir ses prétentions, et ce ne
fut qu'après bien des débats que don Juan Francisco
Tarragona fut reconnu gouverneur. Cette élection
ne fit qu'augmenter le nombre des mécontens, et

éloigner le moment de la réconciliation avec Buénos-Ayres.

A l'époque où Alvear fut nommé directeur, la situation de l'armée du Pérou était devenue très-critique, affaiblie par la désertion qu'autorisait ce gouverneur ambitieux pour augmenter ses propres forces, et par l'issue malheureuse de l'affaire du Téjar, elle se trouvait réduite à l'état le plus misérable. Néanmoins le général Rondeau, qui la commandait, trouva le moyen d'apaiser tous les partis; et, réunissant ses faibles ressources, il marcha sur le Pérou, où il entra après les heureuses affaires de Puerto-Grande et de Mochara.

Tandis que le gouvernement, qui avait remplacé Alvear, cherchait à pacifier Santa-Fé et la Bande orientale, les affaires du Pérou paraissaient prendre un aspect plus favorable. Pezuela consterné s'était retiré dans les environs d'Oruro. L'armée espagnole, affaiblie à son tour par la désertion et le manque de vivres, semblait annoncer sa défaite, tandis que celle de Buénos-Ayres donnait la plus belle espérance, par sa contenance offensive, et par les secours que lui procuraient l'insurrection de la côte par *Pennaranda* et *Reyes* l'approche du docteur *Muneca*, les tentatives de toutes les provinces pour repousser les Espagnols et les troupes que la capitale venait de mettre en marche pour la renforcer. Tout enfin présageait les plus heureux succès; mais l'affaire de Venta y Media, où le brigadier Rodriguez fut battu par un parti espagnol, dissipa bientôt ces espérances. Pezuela profita de cet avantage, et s'avança rapidement. Le général Rondeau, pour éviter le combat, se vit forcé de faire de longues et pénibles marches pour occuper les environs de Cochabamba, les Espagnols l'attaquè-rent dans la position de *Sepesipe*. L'avantage parut d'abord appartenir aux troupes de Buénos-Ayres; mais des circonstances extraordinaires , ou pour mieux dire, des ordres mal donnés ou mal inter-prétés, livrèrent la victoire aux Espagnols. Le gé-néral Rondeau se retira avec les débris de son armée à Tupisa, et s'y occupa sans relâche de reconstituer ses troupes, et d'exercer les renforts arrivés de Buénos-Ayres.

Pezuela, maître de tout le Haut-Pérou, s'y con-duisit de la manière la plus cruelle; mais cette in-humanité n'effraya pas les patriotes, et il se forma de toutes parts de nombreux partis qui ne cessaient de le harceler. Camargo, le Madrid, Padrilla, Varnes et Muneca, rivalisèrent de bravoure et de ta-lens pour inquiéter l'ennemi et l'arrêter dans ses progrès.

On a déjà vu que la nomination de don Tarragona n'avait fait qu'augmenter le nombre des mécontens de Santa-Fé, les habitans de cette ville, excités par Ar-tigas, se soulevèrent bientôt en masse, et se réunirent sous les ordres de don Mariano Vera. Le général Viamont, attaqué de toutes parts par les rebelles, se vit forcé de capituler après plusieurs actions san-glantes; mais le traité ne fut pas suivi. La ville de Cordova suivit le même système d'indépendance que

Santa-Fé ; la Rioja imita Cordova, et enfin presque
toutes les villes furent plus ou moins plongées dans
l'anarchie. On vit bien alors que tous ces désordres ne
pouvaient être arrêtés que par un corps de députés
de provinces, investis des pouvoirs de l'État. Les provinces, bien convaincues de cette nécessité, firent les
élections, et le 25 mars 1816, le Congrés souverain
ouvrit sa première séance dans la ville de Tucuman.
Son premier objet fut de nommer un Directeur capable d'assurer la liberté du pays, et leur choix tomba
sur le colonel major don Juan Martin Pueyredon,
nommé député par la ville de San - Luis de la
Punta.

Lorsque don Martin Pueyredon fut investi du
pouvoir suprême, il se trouvait à l'armée du Pérou :
don Antonio Balcarsel fut élu Directeur provisoire en
son absence. Pendant cet intérim, quelques altercar-
tions s'élevèrent entre le cabildo de Buénos-Ayres et
la junte d'observation. Durant ces dissensions, les
ennemis de Pueyredon s'agitent pour l'empêcher de
se saisir des rênes du gouvernement ; mais l'apparition
soudaine de ce dernier qui fit son entrée au mois de
juillet, sa tranquillité, son énergie apaisèrent et
déjouèrent tous les partis.

A son passage à Cordora il s'était entretenu lon-
guement avec le colonel major don Jose San-Martin,
alors gouverneur de Mendoza. Il paraît même que
cette conférence décida la prochaine expédition du
Chili qui, par suite de dissension entre les chefs,
était retombé au pouvoir des Espagnols.

. En effet, cette incursion présentait un double but d'utilité ; celui de libérer une province riche, et soupirant après l'indépendance, et celui de dégager l'armée du Pérou par une diversion hardie, qui ne manquerait pas d'appeler l'attention du Vice-Roi du Pérou, et de diviser ses forces.

A l'époque de la nomination de Pueyredon, la position de Buénos-Ayres n'était cependant pas très-brillante ; l'armée du Pérou était faible et découragée ; deux ou trois corps mal organisés occupaient Mendoza. La capitale possédait à peine douze à quinze cents hommes de troupes réglées ; quelques troupes tirées des garnisons envoyées contre Artigas, essuyaient le même sort que celles conduites par le colonel Viamont. Le nouveau directeur eut besoin, dans cette circonstance, d'une grande habileté et d'une activité infatigable pour donner aux choses un aspect plus favorable. Il y parvint cependant, comme nous le verrons incessamment.

A son arrivée, don Jose San-Martin fut nommé général en chef de l'armée qui s'organisait à Mendoza, et qui prit le titre d'armée des Andes (exercíto de los Andes). Le général don Manuel Belgrano reçut l'ordre de se rendre dans le Tucuman pour y prendre le commandement de l'armée dite auxiliaire du Pérou, en remplacement du général Rondeau.

La capitale envoya au général San-Martin tous les secours qu'il lui était possible de mettre à sa disposition, et l'organisation de son armée se poussa avec activité.

La tactique des troupes de Buénos-Ayres à cette époque était un assemblage confus de manœuvres françaises, anglaises et espagnoles, établissant une variété d'ordonnances dans l'armée qu'il était urgent de réformer; il est plus exact de dire même que chaque chef de corps suivait un système différent, qui rendait les mouvemens généraux, ou impossibles à exécuter, ou vicieux dans leur ensemble ; cela était poussé à un tel point que, négligeant les règles les plus simples de la théorie militaire ; il était bien difficile de déterminer une ligne de bataille, ou de donner une direction précise à une colonne.

A cette époque, un officier, qui s'était distingué dans les rangs de l'armée française, et que différentes circonstances avaient poussé en Amérique, accepta du service dans l'armée des Andes, et coopéra puissamment à son instruction, et à réformer ce que les manœuvres pouvaient avoir de vicieux; il disciplina un bataillon de chasseurs qui servit de modèle à toute l'armée ; et, réorganisa les débris de la malheureuse expédition de Santa-Fé, qui arrivèrent à cette époque dans l'état le plus misérable. Ses services éminens furent récompensés par le général San-Martin, qui lui donna un commandement supérieur en le mettant à la tête du bataillon n°. 8.

Vers le mois de janvier 1817, l'armée des Andes était composée ainsi qu'il suit :

Grenadiers à cheval. . . . . 550 hommes.
Infanterie, n°. 11. 650
 Id.,   n°. 1. 700
 Id.,   n°. 7. 650
 Id.,   n°. 8. 700
Artillerie.. 250
   Total. 3500

Quoique cette armée fut supposée être forte de
quatre mille hommes, elle n'était réellement que de
trois mille cinq cents, et encore quelques bataillons
étaient-ils incomplets.

Il faut observer que la division de cette force en
bataillons de cinq à sept cents hommes, étant néces-
sitée par la faiblesse de l'armée en général, et par la
crainte de donner trop d'influence à ceux qui les com-
mandaient, cette division rendait d'ailleurs les mouvemens plus faciles à exécuter : ces bataillons re-
présentaient dans une armée de quatre mille hommes
les divisions des armées européennes.

Avant de rendre compte de la marche de ces troupes, de leurs succès et des événemens du Chili, nous
croyons devoir donner à nos lecteurs une idée de cette
contrée intéressante, et rappeler les circonstances
qui ont accompagné sa première conquête par les
Espagnols; ces renseignemens, comme ceux qui ont
rapport à Buénos-Ayres, sont extraits des meilleurs
auteurs espagnols et anglais, qui ont voyagé dans cette
contrée, et écrit l'histoire des peuples qui les habitent.

Seconde Partie.

CHAPITRE PREMIER.

Précis historique de la Conquête du Chili, par les Espagnols ,
et des guerres de cette Nation avec les Araucaniens.

———

VERS l'an 1450 , Yuepanqui , Inca , régnant au
Pérou , informé de la beauté du Chili et des avantages qu'il pouvait tirer de sa possession , résolut d'en
faire la conquête; en conséquence , il se mit en marche à la tête d'une armée formidable , s'établit avec
sa cour dans la province d'Atacama , et confia le soin
de l'expédition à Sinchinuca , prince du sang royal.
Celui-ci parvint à soumettre une partie du Chili ,
plutôt par la persuasion que par la force ; mais ayant
été arrêté dans ses conquêtes par des armées sorties
du Sud , qui combattirent avec succès pour la conservation de leur indépendance , il borna son entreprise à la réunion au Pérou des provinces qu'il avait
soumises. C'est ainsi qu'une partie du Chili passa sous
la domination de l'empire des Incas , et l'on pense
que la ligne de démarcation entre ces deux nations se
trouvait tracée par la rivière de Rapel , sur les bords

de laquelle on voit encore les restes d'une forteresse
bâtie par les Péruviens.

Pizarre ayant soumis avec une poignée d'Espagnols
la nation péruvienne, et fait périr Atahualpa, inca,
conseilla à don Diego-Almagro, son rival, d'entreprendre la conquête du Chili, désirant ainsi se défaire d'un concurrent dangereux : il parvint à l'y
décider, et Almagro partit en 1505 avec une armée
de 570 Espagnols et 1500 Péruviens, commmandés
par l'inca Manco, pour prendre possession de cette
vaste contrée.

Deux routes conduisaient au Chili, l'une cotoyait
la mer, l'autre traversait la chaîne des Cordillières :
cette dernière était la plus difficile, mais la plus
courte, et il la suivit.

Les difficultés que son armée eut à vaincre dans
cette marche dangereuse, le froid excessif qu'elle dut
supporter, la réduisit à moitié ; mais rien n'arrêtait
ces hommes excités par la soif de l'or. Ceux qui résis-
tèrent aux fatigues, franchirent ces régions élevées
et glacées, et descendirent dans les plaines riantes
du Chili ; mais les Espagnols, accoutumés à vaincre
des nations faibles, trouvèrent bientôt des ennemis
dignes de leur courage. Les Chiliens les attaquèrent
près de la rivière de Cachapoal, et obtinrent une victoire qui décida Almagro à la retraite. Telle fut la première expédition du Chili, entreprise par les meilleures troupes espagnoles et par un corps nombreux
d'auxiliaires.

En 1540, Pizarre, dont l'ambition n'était pas satisfaite , forma une nouvelle armée , à la tête de laquelle il plaça Pedro-Valdivia : ses forces réunies pouvaient s'élever à 200 Espagnols et quelques milliers de Péruviens ; il emmena également tout ce qui était nécessaire à la formation des colonies dont il projetait l'établissement.

Plus heureux que son prédécesseur , il pénétra jusque dans la province de Mapocho , au milieu d'une nuée d'Indiens qui fondaient sur lui de tous côtés , mais sans ordre , sans accord et sans tactique.

Valdivia fonda en 1542 la capitale du royaume , et lui donna le nom de *Santiago* ; c'est aujourd'hui une ville florissante , d'une population de 40,000 âmes.

Ce conquérant se vit bientôt inquiété par les Araucaniens , nation puissante et belliqueuse , qui enveloppa les murs de Santiago , et lui coupa toute communication pour l'empêcher de s'approvisionner dans cette position : ses soldats , habitués au butin et aux succès , se révoltèrent; mais il les apaisa en leur promettant de faire prochainement une expédition aux mines de la vallée de Quillota ; ce qu'il ne tarda pas à effectuer ; et en ayant reconnu la richesse , il fit bâtir en 1544 une forteresse pour en protéger l'exploitation ; il bâtit encore la ville de Coquimbo , qui prit d'abord le nom de *Serena* ; et l'année suivante , il conquit la province de Promancia. En 1564 , Valdivia, ayant passé le Maule , fut attaqué à l'improviste et défait sur les rives de l'Itata.

Après ce revers , sentant la nécessité d'obtenir des secours , il se rendit au Pérou , suivit Gasca dans la fameuse bataille qui décida du sort de Pizarre, et revint au Chili avec des renforts considérables que ce premier mit à sa disposition, en reconnaissance du service qu'il lui avait rendu.

A son retour, Valdivia partagea entre ses vieux soldats les provinces du Nord du Chili, et marcha vers le Sud avec une armée d'Espagnols et de Promanciens. Après avoir fait cent vingt lieues, il arriva sans obstacles dans la baie de Penco, où il fonda la ville de Conception en 1550. Cette ville, détruite plusieurs fois par des tremblemens de terre, les inondations de la mer et les invasions des Araucaniens, fut rebâtie, pour la dernière fois, par ses habitans, dans la vallée de Mocha, à trois lieues au sud du Penco, en 1752.

Valdivia se vit bientôt attaqué par les Araucaniens, qui vinrent prêter secours à leurs voisins les Penconiens; ils obtinrent d'abord quelques avantages, mais ils furent bientôt obligés à la retraite devant les Espagnols, qui les étonnèrent d'abord par la supériorité de leurs armes.

Inquiété continuellement par cette nation, Valdivia résolut de les attaquer sur leur propre territoire; à cet effet, il fit passer à son armée le *Rio-Bio*, et s'empara sans obstacles des provinces d'Encol et du Puren; il fonda dans ces nouvelles possessions la ville impériale au confluent des rivières de Cauten et de Damas.

Avant l'entière soumission de la nation araucanienne, il la partagea entre ses officiers, et chargea Alderete de former un établissement sur le lac de

Lauquen ; il reçut le nom de Villarica, en raison de la quantité d'or que l'on trouva dans ses environs.

Valdivia ne borna pas là ses travaux ; il jetta les fondemens de la ville qui porte son nom sur la rive droite du Caliacala.

En revenant, il bâtit des forteresses dans les provinces de Puren, de Tucapel et d'Arauco. La conservation de ces postes coûta bien du sang par la suite.

A son arrivée à Santiago, il envoya Francisco Aguirre avec deux cents hommes, pour conquérir les provinces du Cuio et du Tucuman, à l'est des Andes.

Dans un second voyage qu'il fit en Araucanie, cet homme infatigable fonda la ville d'Encol, et revint à la Conception, sa ville favorite, pour s'y occuper du gouvernement de ses vastes états ; c'est pendant cette époque qu'il envoya Francisco Ulloa avec un vaisseau, pour observer le détroit de Magellen, par lequel il espérait entretenir des relations directes avec l'Espagne.

Les Espagnols jouirent peu de temps de la tranquillité que leur donnèrent leurs conquêtes. *Colocolo*, ulmen des Araucaniens, souleva les provinces; Caupolican fut placé à la tête d'une armée considérable, il força les Espagnols à évacuer les forteresses d'Arauco et de Tucapel, et fit raser ces deux établissemens. Valdivia accouru pour protéger ses conquêtes, livra bataille à l'ennemi près des ruines de Tucapel, et trouva la mort à la suite d'un combat, où son armée, d'abord victorieuse, fut ensuite taillée en pièces. Cette bataille présente un événement trop remarquable pour être passé sous silence. Les Espagnols, après un combat opiniâtre , étaient parvenus à mettre l'ennemi en déroute , lorsque un jeune homme , âgé de 16 ans, nommé Lautaro, qui servait de page à Valdivia , s'élança au milieu des Araucaniens , ses compatriotes , les ramena au feu , en les animant de son courage et leur fit reprendre la victoire prête à leur échapper.

C'est ainsi que périt le vainqueur du Chili , le fondateur de ses principales villes et établissemens , cet homme doué du génie supérieur et des grands talens qui distinguent le guerrier et le législateur.

Le reste de l'histoire de ce pays offre une longue suite de guerres contre les Araucaniens , dont les Espagnols ne parvinrent jamais à dompter la belliqueuse indépendance. Nous en citerons les principaux événemens.

Après la mort de Valdivia et la défaite de ses troupes , les habitans des établissemens méridionaux se concentrèrent à Impérial et à Villarica.

Villagran, qui succéda à Valdivia, s'étant formé une nouvelle armée, marcha à la rencontre des Araucaniens, mais il fut vaincu par Lautaro, qui, l'obligea à abandonner Concepción, et à se retirer à Santiago.

Lautaro étant entré à Concepcion, y mit le feu après y avoir fait un riche butin , les habitans n'ayant pu en emporter que les choses les plus précieuses.

A cette époque désastreuse pour les Espagnols, la petite-vérole se manifesta parmi les Araucaniens, et fit , parmi ce peuple , les ravages les plus affreux ; dans un seul district d'une population de onze mille habitans , cent personnes seulement échappèrent à ce fléau jusqu'alors inconnu.

Cette calamité donna quelque tranquillité aux Espagnols. Villagran en profita pour rebâtir Concepcion ; mais Lautaro s'en empara une seconde fois, et la dévasta de nouveau.

Ce jeune héros, encouragé par des succès multipliés, forma le dessein de marcher sur Santiago. En 1556, il entra dans la province de Promancia, repoussa les Espagnols dans plusieurs rencontres ; mais ayant été surpris pendant la nuit, il se tua, pour s'éviter la honte d'avoir été vaincu ; son armée fut passée au fil de l'épée. Ainsi mourut , à l'âge de dix-neuf ans, ce jeune guerrier, qui mit les Espagnols à deux doigts de leur perte.

Sa mort, et la défaite de son armée firent lever le siége d'Impérial , exactement cerné par Caupolican, qui se retira sur ses frontières pour les protéger.

Don Garcia Hurtado de Mendoza , fils du marquis de Canète, vice-roi du Pérou, fut envoyé avec des renforts considérables dans le Chili, tant pour prendre le commandement de ce royaume que pour terminer la guerre avec les terribles Araucaniens.

En 1557, il attaqua une armée près du mont Pinto , à six lieues de l'embouchure du Bio-Bio, et la détruisit entièrement. Don Garcia exerça les plus grandes cruautés sur ce peuple vaincu, dans le but sans doute de le soumettre par la terreur.

Il fonda la ville de *Canète* sur le champ de bataille où Valdivia avait été vaincu, dans la province de Tucapel, fit rebâtir Concepcion en 1558; et après un nouvel avantage remporté sur les Araucaniens, il marcha contre les Conches, découvrit l'Archipel du Chiloé, et y fonda la ville d'Osorno.

Pendant l'absence de Garcia, le commandant de Canète surprit Caupolican, chef infatigable des Araucaniens, et le fit périr par le supplice le plus infâme et le plus cruel. En voyant la fin qu'on lui réservait, ce malheureux guerrier témoigna sa douleur d'être réservé à une mort si peu digne d'un soldat, et demanda à avoir la tête tranchée. Ne pouvant obtenir cette grâce, il se saisit du nègre qui était chargé de son supplice et l'étrangla. Seize personnes eurent peine à le contenir et à l'empaler.

Le fils de Caupolican, élu général, ne tarda pas à se présenter pour venger son père et sa patrie; il battit les Espagnols en diverses rencontres, et mit le siége devant Impérial.

Cette nouvelle guerre se continua avec fureur jusqu'en 1559. Enfin une bataille livrée à Quipeo, dans laquelle les Araucaniens perdirent la plupart de leurs chefs et la totalité de leurs guerriers, sembla annoncer la réduction entière de cette nation.

Les forts d'Arauco, d'Angol, et de la ville de Villarica, furent relevés; les exploitations des mines recommencèrent. Pédro de Castillo, capitaine Espagnol, fit la conquête du Cuio, commencée par Aguirre, et bâtit les villes de San-Juan et de Mendoza. Cette province fit long-tems partie du Chili, et passa ensuite sous la domination de Buénos-Ayres, comme nous l'avons déjà indiqué.

Don Garcia étant retourné au Pérou, laissa le commandement à Rodriguez Quiroga, qui ne le conserva pas long-temps. Francis. Villagran, prédécesseur de Garcia, ayant été confirmé par l'Espagne dans le commandement du Chili, reprit les rênes du gouvernement.

Il envoya Gregorio Castaneda dans le Tucuman, dont il fit la conquête sur Juan Zurita, qui s'était rendu indépendant. Cette province fit alors partie du Chili.

La guerre ne tarda pas à recommencer avec les Araucaniens, et à donner lieu à de nouvelles calamités.

Rodriguez Quiroga, qui remplaça Villagran, mort pendant la guerre, reconstruisit Canète et Arauco, éleva une forteresse dans la célèbre position de Quipeo, et ravagea le territoire de ses ennemis en 1665.

Dans la même année, Ruiz Gamboa fut envoyé à l'archipel de Chiloé, où il pénétra sans difficulté à la tête de soixante hommes; il bâtit dans l'île principale la ville de Castro et le port de Chaco. Le nombre des îles habitées de cet Archipel est de huit; il en existe plusieurs autres formées par les volcans dont cette partie abonde; les montagnes de l'île Chiloé sont composées de colonnes basaltiques, qui n'ont pu être formées que par l'action du feu.

La population des Indiens de ces parages peut être

de dix à onze mille. A l'époque de la conquête du Chiloé par les Espagnols, on en faisait monter la force à soixante mille. Ces peuples ont de l'intelligence, des dispositions pour les arts mécaniques, et sont bien au dessus des Indiens de la partie orientale sous le rapport de la civilisation; ils sont excellens marins, bons ouvriers, et ont généralement embrassé la religion chrétienne, lorsqu'on la prêcha pour la première fois.

La population espagnole de cette partie peut s'élever aujourd'hui à cinquante mille individus. Elle s'occupe, avec succès, de l'agriculture, et d'un commerce d'échange, très-important, avec le Chili et le Pérou.

CHAPITRE II.

Suites des guerres entre les Espagnols et les Araucaniens.

L'EXTENSION des conquêtes des Espagnols dans le Chili, engagea Philippe II à ériger une audience royale à Santiago, indépendante de celle du Pérou, et à séparer le pouvoir civil du pouvoir militaire. En conséquence, Quiroga fut élevé à la dignité de président, et Ruiz Gamboa prit le commandement de l'armée qui marcha au secours de Canète, attaqué de nouveau par le Toqui des Araucaniens; il défit celui-ci, et réduisit à l'esclavage un grand nombre de femmes et d'enfans tombés en son pouvoir. Profitant de cette victoire, il fit des propositions de paix aux Araucaniens ; mais ceux-ci les rejetèrent avec fierté, ne voulant à aucun prix aliéner leur liberté.

En 1568, Melchor de Bravo fut investi des doubles fonctions de président et de général. Voulant signaler son gouvernement par une victoire, il marcha contre Paillatura Toqui, l'attaqua sur la hauteur de Mariguënu, déjà fatales aux Espagnols, et y éprouva la déroute la plus complète. Échappé à ce désastre, il se sauva à Angol, et remit le commandement à Gamboa, qui rétablit bientôt les choses par des succès obtenus à Quipeo.

A cette époque, on fit une trève qui dura quatre ans. Elle fut la suite de la consternation que causa un affreux tremblement de terre, qui, entr'autres établissemens, détruisit entièrement la ville de Concepcion.

En 1670, on érigea un évêché à Impérial, dont le diocèse s'étendait entre le Maule et les contrées méridionales.

En 1574, la guerre recommença. Paynenancu, d'origine espagnole, fut élevé à la dignité de Toqui. Dans un combat, où les Espagnols furent vainqueurs, ils trouvèrent parmi les prisonniers une grande quantité de femmes en armes, qui se donnèrent la mort le premier jour de leur captivité.

En 1575, l'audience royale fut supprimée, Rodriguez Quiroga reprit le titre de gouverneur, marcha contre l'ennemi, et ravagea ses provinces.

Il fonda une nouvelle colonie entre Santiago et Conception, au pied des Cordilières, qui reçut le nom de Chillan. Ce général laissa, en mourant, le commandement à Gomboa, son beau-père, qui, pendant les trois années suivantes, ne s'occupa qu'à contenir les Araucaniens.

La cour d'Espagne ayant nommé don Alonzo Sotomayor, gouverneur du Chili; celui-ci, immédiatement après son arrivée à Buénos-Ayres, envoya son frère, auquel il donna le titre de colonel du royaume, au secours de Villarica et de Valdivia, assiégés par les Araucaniens.

Son apparition obligea les assiégeans à la retraite; il les poursuivit avec sept cents Espagnols et un corps d'auxiliaires sur leur territoire, décidé à suivre envers eux le système de sévérité adopté par Garcia. La province d'Angol fut la première qui éprouva les effets de sa cruauté; tout fut mis à feu et à sang; les prisonniers furent pendus, ou renvoyés à leurs compatriotes les poings coupés. Les provinces de Puren, d'Ilicura et de Tucapel, eurent le même sort; dans cette dernière, on ne trouva que trois habitans qui furent empalés.

Le Toqui de ces peuples malheureux n'écoutant que son désespoir, attaqua les Espagnols avec huit cents guerriers, et ne leur livra passage qu'après l'extinction de ce corps. Ayant été fait prisonnier, il fut exécuté.

Le général Espagnol, après la restauration du fort

d'Angol, forma un camp sur la rivière de Caram-
pangui.

En 1585, un nouveau Toqui ayant rassemblé une
armée considérable, attaqua les Espagnols au milieu
de la nuit ; les troupes auxiliaires se présentèrent les
premières sous ses coups, et furent exterminées. Mais
les Espagnols ayant eu le temps de prendre leurs
armes, se retirèrent sans une grande perte ; en repas-
sant le Bio-Bio, ils établirent sur ses rives deux forts,
chargés de se soutenir mutuellement. Ils reçurent les
noms de Trinidad et de Spirito-Santo.

Tandis que ces événemens se passaient, les Anglais tentèrent une expédition au Chili. En 1587
ils débarquèrent dans le port désert de *Quintero*,
sous la conduite de sir Thomas Cavendish. Le corré-
gidor de Santiago ayant marché à leur rencontre,
les obligea à se rembarquer après leur avoir fait
éprouver une perte considérable.

Cadeguela, Toqui, recommença bientôt la guerre
avec acharnement ; il brûla Angol, battit le corps
espagnol qui vint secourir Puren, et appela le commandant de cette place, Garcia-Ramon, dans un combat singulier. Celui-ci ayant accepté, il tua le Toqui,
en présence de son armée, qui se retira pour élire
un nouveau chef.

Guanoalca son successeur prit le fort de Puren
et détruisit Trinidad et Spirito-Santo. Pendant
sa dictature, la célèbre Janequeo, nouvelle Jeanne-
d'Arc, développa contre les Espagnols le courage et
les talens d'un grand capitaine.

Quintuguenu remplaça en 1591 le Toqui Guanoalca.
Dans un combat sanglant qu'il livra aux Espagnols à
Mariguenu , il fut blessé à mort en parcourant les
rangs de ses soldats pour les encourager au combat ;
ses dernières paroles furent en faveur de la liberté.

Don Martin-Loyola , neveu du célèbre fondateur
des Jésuites , qui s'était attiré la faveur de la cour par
la prise de Tupac-Amoro , et qui avait épousé Anne-
Béatrix Coya , héritière de Sayri-Tupac-Inca , reçut
le gouvernement du Chili en 1593 : à la même époque,
Utalmapu fut élu général des Araucaniens.

Cet homme , quoique d'un âge très-avancé , mit les
Espagnols à deux doigts de leur perte. Nous allons
faire connaître rapidement ces événemens importans.

Loyola passa le Bio-Bio en 1594 , et fonda la ville
de Coya (du nom de son épouse) , pour protéger
Angol , ainsi que les mines de Kilacogan ; il bâtit
également deux nouveaux forts sur le territoire ennemi ; et jetta les fondemens de la ville de Loyola
dans la province de Cuio.

En 1558 , ce malheureux général fut massacré par
les Indiens en rentrant à Santiago , ayant eu l'imprudence de renvoyer son escorte. Sa famille , six officiers et trois ouvriers qui l'accompagnaient eurent le
même sort. Sa mort fut le signal du soulèvement général des provinces ennemies, de celles des Conches ,
d'Huilliches et de la contrée de l'Archipel de Chiloé.
Tous les Espagnols trouvés hors de l'enceinte de leurs
murs furent tués. Les villes d'Osorno , Valdivia , Vil-

larica , Impérial , Canete , Angol , Coya et Arauco furent investies.

Utalmapu, non content de ces succès, traversa le Bio-Bio , et après avoir brûlé Concepcion et Chillan , dévasta ces provinces et revint chargé des dépouilles de ses ennemis.

Tant de désastres jettèrent la terreur parmi les Espagnols. Le vice-roi envoya don F. Quinones en qualité de gouverneur au Chili , fondant sur ses talens l'espoir du retour de la tranquillité ; il le fit accompagner par des renforts considérables.

Ce gouverneur s'avança à la tête de son armée au-devant des Araucaniens ; mais ces deux nations restèrent en présence, et se bornèrent à se harceler mutuellement. Pendant que le vieux Toqui amusait ainsi son ennemi, il se détache avec un corps de cavalerie , arrive pendant la nuit sous les murs de Valdiva , se jette à la nage, pénètre dans la ville , la détruit entièrement et revient sur le Bio-Bio , où campait son armée, avec deux millions de dollars, toute l'artillerie de la place et quatre cents prisonniers.

Pendant ces événemens , en 1600 , cinq vaisseaux hollandais pillèrent Chiloé et détruisirent ses garnisons.

Quinones , découragé , demanda et obtint sa démission ; Gárcia-Ramon le remplaça., et céda bientôt le commandement à Alonzo-Ribera.

Après un siége de deux ans , Villarica, ville opulente, ouvrit ses portes, Osorno se rendit, et Impérial succomba également sous les efforts des Araucaniens. Il est à remarquer que Inès-Aguilera , femme du plus grand courage , dirigea , pendant le siége de cette dernière ville , les opérations de la garnison , et retarda , par son exemple et sa fermeté , la reddition de la place.

Ainsi , tous les établissemens de Valdivia et de ses successeurs , depuis Chiloé jusqu'au Bio-Bio , furent détruits dans l'espace de trois ans. Ils n'ont jamais été rétablis , et Valdivia n'est aujourd'hui qu'une petite ville qui contient une faible garnison.

Les historiens contemporains donnent des détails sur les calamités qu'éprouvèrent les assiégés, capables d'inspirer la plus haute opinion de leur courage et d'affecter l'âme par la situation affreuse où ils furent réduits.

Utalmapu , ayant fini sa glorieuse carrière en 1603, fut remplacé par Huenecura ; ce nouveau Toqui obtint sur les armées espagnoles , renforcées par les secours de l'Europe , des avantages signalés. Dans ces conjonctures , le roi d'Espagne donna ordre de maintenir sur les frontières de l'Araucanie , une armée de deux mille hommes , et affecta à sa solde trois cent mille dollars.

Ramon , rétabli dans les fonctions de gouverneur, sut contenir l'ennemi pendant quelque temps ; mais il mourut bientôt à Concepcion. Huenecura succomba à-peu-près à la même époque , par suite de ses blessures.

Un Jésuite , Luiz-Valdivia , fit sentir à Philippe III la nécessité d'une paix avec les Araucaniens , afin de pouvoir travailler avec fruit à introduire dans ces contrées les lumières du christianisme. Chargé de pouvoirs royaux, Valdivia vint au Chili ; il commença des négociations avec les Araucaniens, qui malheureusement n'eurent pas de suite, ces derniers refusant l'entrée de leur territoire aux missionnaires. La guerre recommença et se poursuivit avec acharnement sous les gouverneurs Lopez de Ulloa, Christophe de la Cerda, Pedrosores - Ulloa et F. Alava.

Don Luiz Cordova fut investi du commandement en 1620 ; il reprit l'offensive, dévasta le territoire de l'ennemi, et obtint divers succès. Don Francisco Laso lui succéda, et prépara, par la douceur et l'humanité de son gouvernement, ainsi que par ses victoires, les voies à une paix prochaine. Pendant son gouvernement, qui dura dix ans, les Hollandais tentèrent une seconde fois de s'allier aux Araucaniens pour chasser les Espagnols du Chili ; mais ces Indiens massacrèrent les ambassadeurs et leur escorte, les prenant pour des Espagnols. Un orage dispersa la flotte hollandaise.

En 1638, malgré le mauvais succès de cette expédition, les Anglais envoyèrent au Chili une flotte sous les ordres de sir John Harborough ; mais il se perdit dans le détroit de Magellan.

Don Francisco-Laso fut remplacé par le marquis de Baydes en 1640, auquel fut réservé l'honneur de faire un traité avec les Araucaniens ; traité qui mit un terme à une guerre qui avait duré près d'un siècle. Le Bio-Bio devint la frontière des deux nations. Les Missionnaires obtinrent la liberté de prêcher l'évangile parmi les nations Araucaniennes , et de se faire escorter par une troupe commandée par un officier qui prît le titre de *Capitaine des Amis*. Leur conduite renouvella bientôt les hostilités comme nous le verrons incessamment.

En 1643 , les Hollandais débarquèrent à Valdivia, et s'y fortifièrent ; mais ils cherchèrent en vain à attirer les Araucaniens dans leur parti. Ceux-ci , fidèles à leur traité , servirent les Espagnols comme auxiliaires ; et les Hollandais furent bientôt obligés de se rembarquer.

Le gouvernement de don Martin-Muxica , qui remplaça Baydes , n'offre rien de remarquable, si ce n'est un tremblement de terre qui détruisit une partie de Santiago, en 1647.

Sous le gouvernement de son successeur , don Antonio-Acuna , la guerre éclata de nouveau. Durant son cours de dix ans , le Toqui Clentaru obtint des succès signalés, et détruisit plusieurs établissemens espagnols.

Don Francis-Meneses rétablit la paix en 1665 ; il eut divers successeurs , dont le gouvernement n'offre aucun événement remarquable. Sous celui de Francisco-Ibanes , les habitans de Chiloé se révoltèrent : le commerce entre la France et le Chili devint libre pendant la guerre de la succession.

Les Araucaniens, voyant les établissemens espagnols se multiplier par suite de la paix , leurs provinces se peupler , et révoltés d'ailleurs de la conduite des Missionnaires et de leurs escortes, prirent les

armes en 1723 et tentèrent de soulever toutes les provinces pour expulser entièrement les Espagnols du
Chili. Vilamilla, nommé Toqui, prit les forts de Tucapel, d'Arauco et de Puren ; mais cette nouvelle
guerre cessa bientôt sans offrir de combat remarquable.
Le gouverneur Cano renouvella à Negrette le traité
de paix précédent, auquel il ne fut fait aucun changement, si ce n'est l'abolition du titre de *Capitaine
des Amis.*

Cano, après un gouvernement doux et pacifique de
cinquante ans, mourut à Santiago, et fut remplacé
par son neveu, qui suivit les principes de son oncle.

Don Jose-Mauro, nommé pour lui succéder, reçut
l'ordre de rassembler dans des villes la population
éparse dans les provinces. En conséquence, il fonda
en 1742 les villes de Copiapo, d'Aconcagua, de Me-
lipilla, de Rancagua, de San-Fernando, de Curico,
de Talca, de Tutuben et d'Angol. En récompense
de ses travaux, il fut élevé à la dignité de vice-roi
du Pérou.

Ses successeurs formèrent de nouveaux établisse-
semens, qui ne fleurirent jamais comme ces premiers.
Don Manuel Amat, fonda, en 1729, les villes de
Sainte-Barbara, Alcamavida et Gualpi.

Don Antonio-Guill Gonzaga, gouverneur du Chili,
forma le plan de forcer les Araucaniens, à se bâtir des
villes, et à concentrer ainsi leur population ; cette
idée que combattirent tous ses officiers, et dans laquelle
il persista, ayant été communiquée à ces peuples, fut
cause d'une rupture entre les deux nations, qui livra

du nouveau le pays aux horreurs de la guerre; elle coûta près de deux millions de dollars à l'Espagne.

En 1783, un nouveau traité de paix fut signé à Santiago, et depuis cette époque, la meilleure intelligence régna entre les deux nations. Les Araucaniens eurent un Ministre résident à Santiago, et devinrent de fidèles alliés, d'ennemis terribles qu'ils étaient.

C'est ainsi que se termina cette lutte, qui coûta à l'Espagne plus d'argent et plus de sang que toutes ses autres conquêtes en Amérique.

Plusieurs gouverneurs se succédèrent au Chili, quelques-uns d'entre eux contribuèrent à augmenter la prospérité de cette contrée, dont nous allons donner une idée succincte, avant d'entrer dans les détails de sa dernière révolution.

CHAPITRE III.

Détails sur la situation des Espagnols au Chili avant la révolution. Mœurs, industrie, coutumes des peuples qui habitent ces provinces.

Comme nous l'avons vu, les Espagnols, après avoir abandonné leurs établissemens en Araucanie, se sont bornés à affermir ceux placés entre les confins du Pérou, et la rivière de Bio-Bio, espace qui a douze de-

(1) Le dollar vaut de 110 à 115 sols.

grés et demi de latitude méridionale. Cette étendue de territoire est divisée en quatorze provinces : en outre, ils possèdent la forteresse de Valdivia, dans le Cunchese, l'archipel de Chiloé et l'île Juan Fernandez.

Le gouverneur-général de ce royaume, résidait à Santiago, commandait l'armée, et présidait le Sénat-Royal, dont les décisions étaient définitives, soit au civil, soit au criminel, à moins que leur importance ne les rendît susceptibles d'être portées au conseil supérieur des Indes; il présidait également la cour suprême des finances, ou cruzada, et le tribunal du commerce.

Les provinces étaient administrées par des préfets, à la nomination du capitaine général, leurs pouvoirs s'étendaient au civil et au militaire; dans chaque capitale de province, il y avait un conseil municipal nommé Cabildo, composé d'un certain nombre de magistrats, appelés Regidores. L'Alcalde choisi parmi les membres de ce conseil, jugeait, en première instance, au civil et au criminel. Les habitans étaient divisés en régimens, et forcés de marcher en temps de guerre; le Roi maintenait aussi une force de troupes régulières, pour la défense de Concepcion et des frontières.

Santiago et Concepcion étant érigées en évéchés, plusieurs ordres de moines s'y établirent à différentes époques, ainsi que quelques couvents de nonnes. Ces deux villes sont bien bâties, les rues sont à angles droits, les maisons n'ont qu'un étage, à cause des tremblemens de terre, mais leur distribution est commode. Les ameublemens des personnes riches ne manquent pas de luxe.

L'église cathédrale de Santiago est remarquable par son architecture, ainsi qu'une caserne de cavalerie, la monnaie et l'hôpital des orphelins.

La population de cette capitale est de vingt-cinq mille âmes.

Celle de Concepcion s'élève à douze ou quinze mille habitans.

La liberté accordée par l'Espagne au Chili, a augmenté beaucoup sa population. Elle se compose d'Européens, de Créoles, d'Indiens et de Nègres; parmi les premiers, formés en grande partie d'Espagnols, on remarque cependant quelques Français, Anglais et Italiens.

Les Créoles sont les descendans des Européens. Voici les traits principaux de leur caractère.

En général, ils sont francs et vifs, sans artifice ni dissimulation; ils ont une haute opinion d'eux-mêmes, et sont dominés par une imagination ardente qui les porte à l'indépendance et à l'inconstance. Leur langage est fin, spirituel et énergique, et l'oppression est capable de leur faire entreprendre les choses les plus difficiles.

Les jeunes gens, après avoir commencé leurs études au Chili, vont les finir à Lima: les beaux arts sont encore dans l'enfance; les arts mécaniques y ont pris plus de développement.

Les habitans de la campagne, répandus sur ce ter-

7

rain immense, jouissent de la plus grande liberté ; ils
se livrent à l'agriculture, et sont favorisés dans leurs
travaux, par le climat le plus doux, le plus sain, et
par la terre la plus fertile. Ce peuple, naturellement
gai, aime le plaisir, cultive la musique et la poésie,
dans lesquelles on trouve plus de naturel que de génie, plus de grâce que d'élégance. Les habitans des
frontières parlent en même temps les langues Araucanienne et Chilienne.

Quant aux nègres, ils sont, il est vrai, dans l'état
de servitude, mais cet état n'a rien de dur, et ne peut
être comparé à leur esclavage, dans les autres parties
de l'Amérique. Les lois qui les protégent et qui sont
répressives de l'autorité que leurs maîtres peuvent
s'arroger, sont remplies d'humanité.

La balance du commerce est tout-à-fait en faveur
du Chili, quoi qu'il n'ait pas une grande extension,
et ne consiste guère que dans les produits des mines et
de l'agriculture.

Les Chiliens portent au Pérou du bled, du vin, des
légumes, des amandes, des noix de coco, des confi-
tures, de la viande sèche, du suif, du lard, du fro-
mage, des cuirs salés, des bois de construction, du
cuivre et différens autres articles ; et en rapportent
de l'argent, du sucre, du riz et du coton. Les bâtimens Espagnols reçoivent en échange de marchandises d'Europe, de l'or, de l'argent, du cuivre, des
laines de vigogne et des cuirs.

Jadis les transports se faisaient par terre jusqu'au
Pérou, et devenaient par là très-dispendieux. Aujour-

d'hui ils se font par mer, et l'économie qui en résulte, encourage la navigation.

L'origine des premiers habitans du Chili, est enveloppée d'un voile impénétrable, ces peuples n'ayant conservé aucune tradition de leur histoire.

L'Araucanie est située dans la partie méridionale du Chili, entre la rivière de Bio-Bio, Valdivia, les Andes et la mer; ses habitans sont robustes, nerveux, et enthousiastes de la liberté pour laquelle ils ont répandu des flots de sang. Les Espagnols les appellent *Auca*, ce qui veut dire libre. Leur teint est rouge clair, leur figure ronde, leurs yeux petits, mais expressifs; ils n'ont point de barbe. Les femmes sont agréables, et plusieurs sont belles, principalement parmi les Boranes; elles possèdent une construction forte, et n'ont jamais d'incommodité.

Malgré toutes les qualités dont les hommes de cette nation sont doués, ils ont des traits inséparables de l'incivilisation tels que la débauche, l'ivrognerie, la présomption, et une haine invétérée pour les nations étrangères. Les autres Indiens du Chili, ressemblent, par leurs usages, par leurs mœurs et leur industrie, au peuple Araucanien. Cependant il est à remarquer que ceux qui sont établis sur les revers orientaux des montagnes, ont moins de civilisation.

Ces naturels sont vêtus entièrement d'étoffe de laine, et portent le poncho, vêtement généralement adopté dans l'Amérique méridionale. Les gens riches les font broder, et y ajoutent des franges très-coûteuses. Ils se garnissent la tête d'une étoffe qui, sous leur main, prend la forme d'un diadême. Les personnes aisées portent des sandales, mais le peuple marche pieds nuds. Les femmes sont vêtues de tuniques de laine de différentes couleurs, relevées avec des agraffes d'or ou d'argent, leurs cheveux tressés flottent sur leurs épaules nues. Elles portent des bagues d'argent à tous les doigts.

Ce peuple a constamment regardé les villes comme de vastes prisons ; il s'est formé en peuplades. Les habitations qui les composent, sont construites dans le style le plus simple le long des rivières.

Cette nation avait des signes de civilisation avant l'invasion des Espagnols, la division de leur territoire, leurs lois, la forme de leur gouvernement, la distinction des pouvoirs confiés à des Toquis et Ulmenes, les plaçaient dans un rang séparé des autres nations sauvages.

Les Araucaniens ont une croyance religieuse ; leur Dieu se nomme *Pillan*. Des divinités du second ordre reçoivent également leurs hommages, et sont chargées dans leurs idées des affaires terrestres de peu d'importance, ils ont bâti leur système religieux à-peu-près sur la hiérarchie de leur gouvernement.

Cette nation, la plus brave de l'Amérique, fait la guerre avec autant d'art que de courage. La longue lutte qu'elle a soutenue contre l'Espagne, a formé des guerriers, et habitué leurs troupes à contrebalancer la supériorité des armes Européennes.

CHAPITRE IV.

Révolution du Chili.

CE pays, dont nous venons de donner une esquisse, jouissait d'une tranquillité parfaite, lorsqu'entraîné par les mêmes dispositions à l'indépendance que le reste de l'Amérique, il suivit l'exemple de Buénos-Ayres. Cette province parvint à se déclarer libre après avoir long-temps combattu les efforts du vice-roi du Pérou, et les partis de l'intérieur.

Mais elle ne conserva pas long-temps cet avantage. L'ambition des promoteurs de cette révolution, l'agitation des partis, l'instabilité du gouvernement, des succès suivis de revers, tout contribua à ouvrir de nouveau les portes de ce pays aux Espagnols, qui alors inondèrent de sang son sol fertile.

Il est nécessaire d'indiquer les événemens qui ont précédé cette réoccupation.

Trois frères, issus d'une famille illustre du Chili, qui s'étaient distingués dans le principe de la révolution, soulevèrent les habitans des campagnes, déposèrent, le 22 juillet 1814, le directeur Lastra, et exilèrent, ou plongèrent dans les prisons tous les partisans du gouvernement nouvellement établi.

Les habitans de Santiago, loin d'approuver ce mouvement, s'adressèrent au général O'Higgins, qui se trouvait à Talca, à la tête de l'armée opposée aux royalistes, et lui demandèrent du secours contre l'oppression des Carrera.

O'Higgins marcha sur la capitale ; mais le parti des Carrera obtint un avantage sur lui dans les plaines de Maïpu.

Osorio, qui commandait l'armée espagnole, désirant profiter de cette dissention, viola le traité fait par son prédécesseur, Gainza, et marcha sur la capitale du Chili.

Dans ces circonstances, O'Higgins mettant de côté toutes vues personnelles, et ne consultant que la prospérité de son pays, crut devoir céder le commandement de l'armée aux Carrera, afin de faire cesser les contestations qui divisaient les forces susceptibles d'être présentées aux Espagnols.

Ceux-ci, loin d'imiter cet exemple admirable, renvoyèrent des rangs de l'armée tous les officiers qui avaient désapprouvé leur conduite, ou dont les opinions différaient des leurs, et réduisirent ainsi l'armée à neuf cents hommes. Cette force, à la tête de laquelle don Juan Jose Carrera fut placé momentanément, et dans laquelle O'Higgins ne rougit pas d'accepter le commandement en second, se retrancha dans la petite ville de Rancagua, à trente lieues de Santiago.

Le général O'Higgins se défendit dans ce poste avec une intrépidité extraordinaire contre l'armée espagnole ; mais accablé par le nombre, et réduit à l'extrémité, il se fit jour, avec le reste de sa petite

troupe , à travers les rangs de l'ennemi , et se réfugia
à Mendoza.

Don Jose Miguel Carrera l'aîné , et don Luiz le
plus jeune ; à la tête de la plus forte armée du Chili ,
parurent le jour même de l'affaire , à l'issue de laquelle O' Higgins se fraya un passage l'épée à la main
au milieu des Espagnols , sur les hauteurs de Rancagua ; mais, soit la crainte d'un revers , soit le désir de
voir la perte du général O' Higgins , ils ne jugèrent pas
à propos de le secourir , et furent témoins de son action héroïque et désespérée sans le protéger.

Incapables de soutenir le choc des royalistes , après
la défaite d'O' Higgins , les Carrera se réfugièrent à
Mendoza , où ce premier avait déjà cherché un asile.
Le Chili retomba alors sous la domination espagnole.

Don Jose San-Martin , dont nous avons déjà parlé ,
qui commandait à cette époque la province de Mendoza ,
reconnaissant que les Carrera cherchaient à agiter les
esprits , et à troubler la tranquillité publique , les fit
arrêter et conduire à Buénos-Ayres.

Le Chili , rentré dans l'obéissance , fut gouverné
pendant quelque temps par Osorio , qui en avait fait
la conquête ; don Marcos del Ponte fut bientôt envoyé
pour lui succéder. La conduite injuste et arbitraire de
ce nouveau chef lui aliéna l'esprit des habitans , qui
manifestèrent , plus que jamais , le désir de se soustraire au joug pesant de son autorité.

Malgré les cruautés et la persécution de don Marcos , différens partis se formèrent dans le Chili , et har-
celèrent continuellement les troupes royales. Don

Manuel Rodriguez surtout se distingua par son intré‑
pidité et son patriotisme ; les forces envoyées contre
lui ne purent lui faire abandonner le sol de sa patrie,
qu'il voulait défendre jusqu'à la dernière goutte de son
sang. Nous verrons bientôt comment le gouvernement
de Buénos‑Ayres, ou plutôt San‑Martin, payèrent
les services qu'il avait rendus.

CHAPITRE V.

Conquête du Chili par l'armée indépendante de Buénos-Ayres.

Pendant que le gouvernement espagnol faisait peser
sur les habitans du Chili le joug de la tyrannie, et
détachait du parti espagnol le peu de partisans qu'il
avait conservés dans cette contrée, l'armée des Andes
s'organisait tranquillement à Mendoza. Ainsi que nous
l'avons vu, sa force s'élevait à trois mille cinq cents
hommes. Le général San‑Martin, commandant en
chef, avait sous ses ordres le général O'Higgins et le
général Soler, deux officiers de mérite, sur le compte
desquels nous aurons l'occasion de revenir.

Le général San‑Martin commença son mouve‑
ment le 12 juin 1817. On ignorait la route par la‑
quelle il entrerait dans les Cordilières. Quelques cir‑
constances semblaient indiquer qu'il suivrait celle du
Planchon, qui est situé au sud de Mendoza; il avait
même fait un voyage pour demander le passage aux

Indiens qui bordent cette communication. Ceux-ci lui répondirent qu'ils savaient bien que ses forces lui permettaient de passer sur leur territoire, quand bien même ils voudraient s'y opposer ; mais que sa démarche, non-seulement les engageait à l'autoriser à traverser leur patrie, mais encore qu'ils lui prêteraient tous les secours qui lui seraient nécessaires pour effectuer sa marche. Malgré cette négociation ostensible, il ne dirigea sur cette route qu'un faible détachement de chaque corps, réunis aux réfugiés du Chili, sous le commandement du lieutenant-colonel Freire. Ce mouvement, les conférences avec les Indiens, la reconnaissance de cette route, contribuèrent à faire penser aux Espagnols que ce détachement était l'avant-garde de l'armée de Buénos-Ayres. Ils devaient être d'autant plus portés à supposer que les Indépendans prendraient la route du Planchon, qu'elle est la meilleure, quoique la plus longue. Celle d'Huspallata est plus courte ; mais elle offre quelques difficultés. Quant à celle de Los Patos, que suivit San-Martin, elle n'est fréquentée que par les contrebandiers, et comme elle franchit plusieurs branches des Cordilières, elle est hérissée de difficultés dans toutes les saisons.

Les Espagnols prirent donc le change ; c'est ce que San-Martin désirait ; car autrement ils auraient empêché, sans efforts, le passage de Los Patos, qui n'est qu'un défilé continuel.

Le mouvement général eut lieu les 15, 16, 17 et 18 janvier.

Le colonel Heras prit la route d'Huspallata, qui est

entre les deux autres , avec son bataillon, et une cen-
taine de cavaliers. Le reste de l'armée suivit celle de
Los Patos , sous les ordres du général San-Martin ;
arrivé à Los Manantiales, à l'entrée de la Cordilière ,
il prit les dispositions suivantes :

Il donna au général Soler le commandement de
l'avant-garde , composée d'un escadron de cavalerie ,
du n°. 11 , du n°. 1 , et des quatre compagnies d'élite
du n°. 7, et du n°. 8, ainsi que d'une partie de l'artillerie.
Le général O' Higgins suivait avec les n°s. 7 et 8 , réduits à quatre compagnies chaque et un faible train
d'artillerie. Le général San-Martin formait l'arrière-
garde avec le reste de la cavalerie.

Le président du Chili, don Marcos del Ponte , ayant
su que San-Martin avait quitté Mendoza, envoya sur
cette ville, et par la route de Huspallata , un corps de
cinq à six cents hommes , qui se rencontrèrent avec le
colonel Héras à l'entrée de la Cordilière. Les Espagnols
furent battus , et se retirèrent dans le plus grand désordre.

Sur la route de Los Patos , le général Soler étant
sorti de la Cordilière, entra dans la vallée de Pu-
tuendo, où il rencontra un parti de cavalerie ennemie,
qui fut culbuté par l'escadron qui était sous ses ordres.
Il est à remarquer que cette colonne était à deux jour-
nées en avant de la seconde, et que le général San-
Martin lui-même marchait à une journée en arrière
de celle du général O'Higgins, de sorte qu'il se trouvait à trois jours de marche de son avant-garde. On
sentira facilement à quoi il s'exposait s'il avait eu affaire

à un ennemi entreprenant et habile, capable d'apprécier ses fautes, et d'en profiter.

Le président du Chili pouvait avoir sous ses ordres de quatre à cinq mille hommes, très-bien organisés ; mais croyant voir arriver les troupes de Buénos-Ayres par la route du Planchon, il avait dirigé deux mille cinq cents à trois mille hommes vers le sud. Cette erreur fut très-favorable au général San-Martin ; car le passage de la Cordilière, qu'il eût été impossible d'effectuer devant un ennemi quelconque, n'offrit d'autres difficultés que celles de la nature, et l'armée ne perdit que quelques hommes, qui furent saisis par les froids excessifs qui règnent constamment sur le sommet de ces montagnes, qui sont toujours couvertes de neige, et exposées à des ouragans affreux (1).

La marche de San-Martin ayant été enfin connue, mais trop tard, le président du Chili donna ordre aux troupes de revenir à la hâte, laissant seulement un faible détachement pour arrêter les progrès du lieutenant-colonel Freire, dont les forces augmentaient journellement par la désertion des Chiliens, et qui obtint quelques avantages sur les troupes espagnoles.

Le 8 février, l'armée de San-Martin aurait pu

(1) Le Gouvernement du Chili a fait bâtir dans les gorges d'Huspallata des petites maisons que l'on approvisionne de vivres et de charbon, afin de préserver la vie des courriers ou voyageurs, qui sont obligés quelque fois de s'y enfermer pendant plusieurs jours, pour éviter les orages dont-ils seraient les victimes ; sans cette précaution, ils seraient entraînés par les eaux, engloutis par les neiges, ou renversés dans les précipices par les ouragans.

être réunie ; elle pouvait même l'être le 7 : alors la
colonne qui venait d'Huspallata aurait occupé Santa-
Rosa ou Villa-Nueva de Acouçagua ; et la colonne,
sortant de los Patos, aurait pu s'établir à San-Felipe
ou Villa-Vieja de Aconcagua ; mais on perdit cinq
jours , tant dans ces deux villes qu'aux environs. Le
général en chef ne devait cependant pas ignorer que
l'ennemi n'avait alors que quelques centaines d'hommes dans les maisons de Chacabuco , et qu'il était par
conséquent très-facile d'occuper la hauteur qui les do-
mine , et qui est la seule position que l'ennemi pouvait disputer jusqu'à la capitale , où l'on serait arrivé
sans tirer un coup de fusil.

Enfin , le 11 , l'armée se mit en marche et vint
prendre position en arrière de Chacabuco , où se fit
la réunion générale. La nuit fut employée à prendre
toutes les dispositions nécessaires pour attaquer le lendemain la position que l'on croyait occupée par l'ennemi, et les corps reçurent quantité d'ordres et
contr'ordres qui marquaient l'hésitation de San-
Martin. Les numéros 7 et 8, qui , comme on le sait ,
étaient réduits à quatre compagnies , reçurent entr'autres ordres , celui de disposer , dans l'attaque du
lendemain, trois compagnies chacun , *en éventail* ,
et de les soutenir avec la quatrième. Cette manœuvre
d'un nouveau genre pouvait avoir les suites les plus
funestes ; mais les chefs de ces corps ne jugèrent pas
à propos d'augmenter la tactique militaire de cet
ordre de bataille , inventé par le général San-
Martin.

Les dispositions furent les suivantes : le général Soler commandait le numéro 1, le numéro 11, quatre compagnies d'élite, un escadron de cavalerie et presque toute l'artillerie ; le général O'Higgins commandait les quatre compagnies du centre des numéros 7 et 8 et deux pièces d'artillerie de montagnes : le général San-Martin suivait avec le reste de la cavalerie, et formait une espèce de corps de réserve.

On devait se mettre en route avant le jour, et il était déjà huit heures du matin quand le mouvement commença. En arrivant aux Manantiales, qui est à-peu-près vers le milieu de la gorge, la division du général Soler prit à droite et suivit un sentier qui tournait la position de l'ennemi.

Le général O'Higgins devait attaquer de front ; et non-seulement le chemin qu'il suivait était meilleur que celui de l'autre division, mais encore était-il beaucoup plus court. Sa force était au plus de 11 à 1200 hommes, compris la cavalerie du général en chef ; la première colonne avait plus de deux mille hommes.

L'ennemi ne paraissait qu'en très-petit nombre sur la hauteur ; et en arrivant au pied de cette position, le général O'Higgins chargea le n° 8, commandé par le lieutenant-colonel Cramer, de déloger les Espagnols. Ce bataillon prit alors à droite, et, marchant de position en position, précédé de quelques tirailleurs, il eut bientôt occupé la hauteur où l'ennemi n'avait laissé qu'un très-faible détachement.

Le général San-Martin ne tarda pas à arriver, et ne

voyant que quelques tirailleurs qui descendaient la côte, ordonna au colonel Zapiola de les poursuivre avec toute la cavalerie. Il faut remarquer que le revers de cette montagne est extrêmement boisé, coupé de ra-vins, et très-difficile en certains endroits pour l'infan-terie. Il est donc bien aisé de voir la faute que faisait le général San-Martin, et à quoi il exposait sa cava-lerie. Le numéro 8, cependant, sur les observations de son commandant, eut l'ordre de le suivre pour le soutenir au besoin.

Les Espagnols, auxquels la marche lente de San-Martin avait donné le temps de concentrer quelques troupes, n'avaient cependant guères que 1800 à 2000 hommes, les divisions du Sud n'étant pas encore arrivées ; les troupes qui avaient paru en position à la sortie de la gorge, reçurent la cavalerie indépen-dante avec quelques coups de canon. Le colonel Za-piola qui la commandait, se replia alors un peu en arrière de chaque côté de la route. Le numéro 8, ar-rivant bientôt, vint se placer devant lui; la droite de sa masse appuyée à des montagnes assez escarpées. Le numéro 7 le suivit un instant après, et prit la gauche du numéro 8. L'aile gauche des royalistes, formée de cavalerie, s'étendait jusqu'à la continuation de la montagne où s'appuyait la droite des troupes de Buénos-Ayres. Leur infanterie placée de l'autre côté de la gorge, se composait de deux masses soutenues par une ligne de réserve ; quelques pièces d'artille-rie, placées entre ces deux masses, incommodant la gauche de la division du général O'Higgins, la força à se serrer davantage sur le flanc de la montagne, pour se mettre à l'abri du feu ennemi.

Cette division, trop faible pour se mesurer avec les Espagnols, était obligée d'attendre le résultat du mouvement du général Soler, qui n'arrivait pas. Déjà les Royalistes profitant de cette inaction, avaient envoyé deux ou trois cents hommes pour occuper la hauteur de droite, d'où leur feu plongeait sur les troupes de Buénos-Ayres. On assure que, dans cette circonstance, le général San-Martin était déjà fort embarrassé.

Le général O'Higgins, à la bravoure duquel il faut rendre justice, voulait suivre l'exemple des Espagnols, qui augmentaient continuellement leurs tirailleurs; mais le commandant du numéro 8, parvint à lui faire entendre qu'il était imprudent de se dégarnir, et qu'avec une soixantaine d'hommes seulement il pouvait soutenir pendant longtemps tout l'effort des tirailleurs ennemis, et donner le temps au général Soler de déboucher.

Enfin, les Espagnols ayant de nouveau diminué leurs masses et renforcé leurs tirailleurs, réussirent à déborder la gauche du général O'Higgins. Ce fut alors que le commandant du numéro 8, observant combien l'ennemi s'était affaibli, demanda à profiter de cette circonstance, et chargea de front à la tête de son bataillon. Les Royalistes, étonnés de ce mouvement inattendu, firent une décharge générale et sans ordre, commandée par la terreur, et commencèrent à plier. Les escadrons du colonel Zapiola profitèrent du mo-

ment, entrèrent dans les masses de l'ennemi, et sa-
brèrent une grande partie de l'infanterie. Quant à la
cavalerie espagnole, elle parut d'abord vouloir faire
bonne contenance ; mais voyant sa droite entièrement
en déroute, elle se vit forcée de tourner bride.

A peine le numéro 8 avait-il fait deux cents pas en
chargeant l'ennemi, que le détachement espagnol, qui
s'était emparé de la hauteur de droite, et qui n'avait
été contenu que par quelques cavaliers de l'escorte du
général San-Martin, qui avaient suivi la crête de la montagne, fut culbuté par deux compagnies de la division
du général Soler, qui déboucha dans ce moment en
arrière de la position des troupes royales. L'escadron
de cavalerie qui était sous ses ordres eut même le
temps de sabrer la majeure partie de ce détachement.

L'armée, après cet avantage, prit position en avant
des maisons de Chacabuco, et quoiqu'il fût encore de
bonne heure, on se contenta d'envoyer une partie de
cavalerie à la poursuite de l'ennemi.

Le résultat de cette journée fut à-peu-près sept ou
huit cents prisonniers, et aumoins autant de morts,
car il paraît que la cavalerie seule, et quelques officiers, parvinrent à s'échapper.

Le lendemain, la division du général Soler, ne se
mit en route, que vers le milieu de la journée, et elle
entra le 14 à Santiago. Le 15, les prisonniers et la
division du général O'Higgins, firent leur entrée dans
cette capitale. Les habitans de ce malheureux pays,
reçurent les troupes indépendantes comme des libéra-

teurs, et n'épargnèrent rien pour les fêter et leur marquer leur reconnaissance.

Le jour de l'affaire de Chacabuco, les divisions que le président du Chili avait envoyées vers le sud, étaient arrivées à Santiago, mais la nouvelle de la défaite suffit pour les disperser. Une partie de ces troupes se retira du côté de Concepcion, l'autre courut s'embarquer à Valparaiso. Le président don Marcos del Ponte, fut pris dans les environs de cette ville, avant qu'il se fût décidé à quitter le Chili.

Quelques jours après son entrée à Santiago, le général San-Martin, envoya le nº. 1 occuper le port de Valparaiso, mouvement qui aurait pu s'effectuer plutôt, puisque l'ennemi eut le temps d'emporter une partie de ses richesses. Une autre colonne fut dirigée sur Concepcion où quelques débris de l'armée Espagnole paraissaient vouloir se réunir au colonel Sanchez.

Malheureusement le colonel Héras qui commandait cette colonne, ayant trouvé bon de s'amuser dans chacune des villes où il passait, donna le temps à des secours envoyés de Lima, d'arriver à Talcahuano, qui devint imprenable par la force de sa garnison, et les ouvrages qu'on avait eu le temps d'élever; c'est ainsi que le peu d'énergie, le défaut d'activité, enlèvent au vainqueur une partie des succès, et prolongent les guerres. Le gain d'une bataille n'est rien par lui-même; la victoire n'a de fruits que par ses suites. Le général San-Martin, après l'affaire de Chacabuco, avec des dispositions promptes, des mouvemens rapides, eût pu chasser les Espagnols de tous les points du

Chili, et s'emparer d'une partie de leurs forces ; mais
en voulant recevoir des lauriers à Santiago et à Buénos-Ayres, il négligea d'en cueillir de nouveaux, et de
terminer en peu de jours une lutte ,. devenue favorable à ses armes. Après avoir fait quelque séjour
dans la capitale du Chili, il revint à Buénos-Ayres
pour y recevoir les fêtes qu'on lui préparait. Le général O'Higgins prit le commandement en son absence.

Le colonel Héras obtint cependant quelques avantages sur les Espagnols, aux environs de Concepcion,
et entra dans cette ville, où la mauvaise saison le força de prendre ses cantonnemens. L'ennemi se concentra
dans Talcahuano, dont il augmenta encore les travaux
de défense.

CHAPITRE VI.

Situation du Chili, et conduite du général San-Martin après son
retour de Buénos-Ayres.—Composition et force des armées indépendantes.

Nous avons laissé le général San-Martin, fêté à
Buénos-Ayres, le directeur du Chili O'Higgins, occupé à organiser le gouvernement, et le colonel Heras
à Concepcion, qui n'est qu'à sept lieues de Talcahuano
où les Espagnols étaient bien retranchés sous les ordres du colonel Ordunez.

Le général O'Higgins, pendant l'absence de San-
Martin, ne s'occupa que très-peu de l'organisation

d'une armée du Chili. Un bataillon d'artillerie et un régiment d'infanterie furent les seuls corps qu'il forma.

Peu de tems avant le retour de San-Martin, ce directeur désirant pousser le siège de Talcahuano, s'y rendit lui-même avec le n.º 7 et un escadron de cavalerie de Buénos-Ayres, ainsi que le n.º 1 du Chili, qui était à peine organisé.

Le général San-Martin, à son arrivée, fut parfaitement reçu par les autorités du Chili, il s'occupa d'abord d'augmenter l'armée du Buénos-Ayres, en y incorporant des recrues du pays. On confectionna des habillemens, et l'armée prit une nouvelle force : elle pouvait s'élever alors de quatre mille cinq cents à cinq mille hommes.

Malgré les promesses que le général San-Martin faisait journellement aux Chiliens de maintenir leur liberté, il était bien facile de voir que Buénos-Ayres voulait conserver sur ce pays l'influence que paraissait lui donner la présence de ses troupes, auxquelles on avait soin de donner une force proportionnellement du double que celle du Chili, même dans les momens les plus critiques, car lors de l'expédition des Espagnols, vers le commencement de 1818, près d'un an après l'affaire de Chacabuco, ce pays n'avait d'autres troupes que le n.º 1 infanterie, qui avait marché sur Talcahuano, le n.º 2 qui s'était formé dans la province de Concepcion, et le n.º 1 de chasseurs, qui se recrutait à Coquimbo ; de sorte qu'il n'existait à Santiago que le bataillon d'artillerie et un seul escadron de cavalerie qui s'était organisé à Concepcion, comme escorte du directeur. A l'arrivée de l'expédition espagnole en 1818, on forma un autre corps d'infanterie composé de tous les hommes de couleur de Santiago, de manière que les forces du Chili, au commencement de 1818, étaient composées ainsi qu'il suit :

N.º 1	Infanterie de ligne	600.
N.º 1	Chasseurs . . . . , . .	800
N.º 2	Infanterie	600
N.º 3	*Idem*	600
	Artillerie	500
	Cavalerie. . . . . , . . .	500
		3,600

Les troupes de Buénos-Ayres ayant beaucoup augmenté, présentaient les forces suivantes :

N.º 11	Ligne	700
N.º 1	Chasseurs	800
N.º 7	Ligne	700
N.º 8	*Idem*	800
	Artillerie	400
4 Escadrons de grenadiers à cheval . . .		1,000
Chasseurs à cheval . . . . , . . .		400
Total des forces de Buenos-Ayres. . . .		4,800
Idem du Chili.		3,600
L'armée entière s'élevait à		8,400

On voit que l'armée que commandait le général San-Martin, pouvait être de huit mille quatre cents hommes ; mais il existait une différence marquée en-

tre les troupes de Buénos-Ayres et celles du Chili, car
les premières étaient bien organisées, et quelques corps
assez bien disciplinés. Le n.º 8 entr'autres pouvait
même rivaliser avec un régiment d'Europe, tandis
qu'il semblait que presque tous les officiers du corps
du Chili avaient été choisis exprès dans les classes les
plus incapables de commander. Cependant c'était la
chose du monde la plus facile que d'organiser au Chili
cinq à six mille hommes en peu de temps. Santiago
seul pouvait fournir trois mille hommes et plus, tirés
de cette classe d'hommes inutiles, que les habitans
du pays appellent *Rotos*, et qui passent leur vie dans
le plus grand désœuvrement. Tout, comme on le voit,
porte à croire que le général San-Martin ne suivait
que les ordres de son gouvernement, en maintenant
cette différence entre les deux armées.

On peut dire aussi que tout autre homme que le
général O'Higgins, que l'on pouvait regarder comme
premier agent de Buénos-Ayres, eût organisé six ou
sept mille hommes, il aurait pu alors se passer des
troupes de San-Martin, qui absorbaient toutes les ressources du pays. Telle était la situation du Chili après
un an d'indépendance dont quelques habitans commen-
çaient à se fatiguer, car il était facile de voir les intentions ambitieuses du gouvernement de Buénos-
Ayres, qui prélevait des sommes immenses sur cette
contrée, sous le prétexte de l'achat d'une flotte destinée à protéger les opérations contre le Pérou.

Le général Brayer était arrivé à Santiago vers la
fin de mai 1817; il parut d'abord avoir toute la con-

fiánce du général San-Martin, qui le nomma chef de l'état-major de l'armée; mais le caractère jaloux et inquiet de ce dernier, qui craignait toujours de trouver un rival, le porta bientôt à se défaire du général français. En conséquence, il l'envoya au directeur O'Higgins, pour l'aider dans les opérations du siége de Talcahuano. A son arrivée à Concepcion, le général Brayer chercha d'abord à améliorer la discipline de l'armée; mais il trouva un obstacle invincible dans la jalousie et l'ignorance des principaux chefs, qui se déclarèrent ses plus implacables ennemis, et une circonstance bien malheureuse leur fournit trop tôt le moyen de lui donner des preuves de leur inimitié.

Le général Brayer donna les dispositions d'un assaut sur Talcahuano, qui eut lieu le 6 décembre. Les troupes s'étaient déjà emparées de quelques retranchemens; tout annonçait la réussite du plan d'attaque du général Brayer, mais les tambours battirent la retraite au moment où l'on croyait s'emparer de la place. A cet appel, les troupes se retirèrent dans le plus grand désordre, abandonnant tous les avantages qu'elles avaient obtenus.

Ce malheur fut attribué au général Brayer, et ces circonstances ne firent qu'augmenter le nombre de ses ennemis.

Le général O'Higgins lui-même, dans le rapport qu'il fit de cette affaire, dit que la troupe qui s'était conduite avec la plus grande intrépidité, ne se retira que lorsqu'elle entendit battre la retraite. Cet événement conduit naturellement à parler d'un des

plus grands vices de la tactique de ces troupes. La voix
des chefs de corps est presque toujours remplacée par
des roulemens de tambour qui donnent les signaux d'exécution, et de tout ce que les généraux peuvent s'éviter de commander, de manière que le soldat ne con-
naît pas la voix de son commandant, et ne s'en rap-
porte qu'à la caisse. Cet usage entraîne les inconvéniens les plus graves : en ce qu'il peut ins-
truire l'ennemi des dispositions que l'on prend,
et qu'une erreur telle que celle dont nous avons
donné l'exemple, peut occasionner les revers les plus
funestes.

Ce qui peut prouver que l'assaut de Talcahuano n'a
échoué que par la faute des tambours ou la malveillance, c'est l'ordre du jour que donna, quelque temps
après, le général San-Martin, qui n'ignorait pas ce qui
s'était passé. Cet ordre parut lors de l'expédition espagnole, dont on va bientôt parler ; il disait que :

« Dans le cas où il y aurait une action, tous les
» tambours de l'armée seraient réunis sur un seul
» point, où ils recevraient des ordres du général en
» chef, et que dans aucun cas, les tambours ne
» pourraient battre la retraite que d'après un ordre di-
» rect du général en chef. » Pour assurer l'exécution
de cet ordre, il fut enjoint de le lire, huit jours de
suite, aux heures d'appel, afin que personne ne pût
l'ignorer. Cette disposition prouve combien on craignait les suites de cette mauvaise habitude dont on
avait déjà éprouvé les effets.

CHAPITRE VII.

Arrivée de l'expédition de Lima ; déroute de l'armée de San-Martin à Cancha Rayada.

———

A PEINE avait-on appris à Santiago l'issue malheureuse de l'assaut de Talcahuano, qu'un corsaire sorti de
Valparaiso, rentra dans ce port avec la frégate espagnole la Minerve, dont il s'était emparé dans l'un des
ports du Pérou. L'équipage donna la nouvelle que le
vice-roi se préparait à envoyer une forte expédition
contre le Chili, et assura même qu'elle devait être près
des côtes.

Il est difficile de se figurer le désordre que cette
nouvelle mit non-seulement dans la tête de San-Martin,
mais encore dans celle des principaux chefs de l'armée ; à en juger par les effets qu'elle produisit, on aurait cru que l'ennemi était déjà aux portes de Santiago, et qu'il ne restait plus aucune ressource. La ré-
flexion cependant fit voir que l'on n'avait plus que le
temps nécessaire pour se préparer à le recevoir, et on
s'en occupa sérieusement et avec plus de calme. Le
général O'Higgins, qui poursuivait le siége de Talcahuano reçut l'ordre de se retirer sur Talca. Cette retraite s'exécuta avec si peu de précaution, que les habitans de Concepcion qui abandonnèrent la ville pour

cause d'opinion, furent volés et maltraités dans la route par les soldats qui marchaient isolément et sans chefs. La plupart de ces malheureux habitans qui avaient emporté avec eux ce qu'ils possédaient de plus précieux, retournèrent à Concepcion, redoutant moins les Royalistes que les Patriotes.

Toutes les troupes qui se trouvaient à Santiago, formèrent près de Valparaiso un corps d'observation ou armée de l'ouest sous les ordres du général Balcarsel qui était arrivé quelques mois avant de Buénos-Ayres. Il partageait avec San-Martin le commandement de l'armée, et cette nomination n'avait d'autre effet que d'augmenter les charges des caisses du Chili qui soldaient les troupes de Buénos-Ayres.

Le corps de l'ouest séjourna aux environs de Valparaiso près de deux mois, pendant lesquels l'on organisa les deux bataillons dont l'armée du Chili fut augmentée ; l'un se forma des *pardos* ou mulâtres de Santiago, et l'autre vint de Coquimbo où il avait recruté huit cents hommes.

Enfin, l'expédition espagnole, sous les ordres du général Osorio, débarqua à Talcahuano dans le mois de janvier, et occupa de suite Concepcion où elle ne resta que le temps nécessaire pour monter la cavalerie, ce qui ne fut ni long ni difficile, grâces aux Indiens Araucaniens qui prirent parti pour les royalistes, et leur fournirent tous les secours qu'ils exigèrent. C'est une chose bien étrange de voir ces peuples, qui combattirent si long-temps pour la conservation de leur liberté, s'allier au parti monarchique, et se laisser gagner par les Espagnols, qui n'eurent d'autres frais à faire pour cela que de leur apporter quelques bagatelles , qu'ils reçurent en échange de leur sang.

Le général San-Martin rejoignit à la hâte l'armée qui s'était retiré de Conception après avoir assisté aux fêtes qui furent célébrées à Santiago à l'occasion de la publication de l'indépendance du Chili et de la victoire de Chacabuco. Osorio s'approchait alors de Talca avec rapidité. San-Martin donna l'ordre à l'armée de l'ouest de venir se joindre à celle de Talca qui, trop faible pour se mesurer avec l'armée espagnole, se retira jusqu'à San-Fernando où se fit la réunion de ces deux corps.

Le 13, on se mit en marche, et le général San-Martin fit, le même jour, la faute de prendre position en avant d'un défilé qu'il pouvait laisser entre lui et l'ennemi. Le lendemain, il passa la rivière de Téno, qu'il laissa derrière lui.

C'est dans ces circonstances qu'il retira au général Brayer le commandemement de la cavalerie qu'il lui avait confié auparavant. Ne lui laissant que le titre de chef d'état-major, mais pour la forme seulement; car jamais il n'en remplit les fonctions.

Le colonel Ordunnez, qui avait si bien défendu Talcahuano, et qui avait été détaché par Osorio avec une colonne de mille hommes pour observer les mouvemens de l'armée indépendante, se retirait devant San-Martin, et se dirigeait sur Talca, où était resté le général Osorio avec le reste de l'armée espagnole.

Ordunnez, profitant des fautes que San-Martin faisait journellement, traversa la rivière de Lisay sans en être inquiété, et se dirigea en colonne sur Talca ; il effectuait son mouvement devant quinze cents hommes de cavalerie indépendante, commandée par le général Balcarsal, qui marchaient sur son flanc et à la même hauteur ; mais ce ne fut que lorsque les Espagnols eurent pris une position avantageuse que le général San-Martin s'avisa de faire agir sa cavalerie ; elle s'avança alors sur une seule ligne de deux de profondeur, et chargea l'ennemi pendant une demi-heure au milieu de bois et de ravins. Osorio fit sortir quelques troupes de Talca pour soutenir Ordunnez. La cavalerie des Indépendans fut bientôt culbutée, et se retira dans le plus grand désordre après avoir perdu au moins une soixantaine d'hommes.

Après cette manœuvre ridicule, qui ne fit qu'augmenter la confiance de l'armée ennemie, le général San-Martin prit une position des plus dangereuses en appuyant sa gauche à Talca ; occupé par toutes les forces espagnoles qui pouvaient de ce point manœuvrer sur son flanc et passer sur ses derrières. Outre cela, le terrain qu'il occupait était coupé par plusieurs rivières qui empêchaient les ailes de sa ligne de se correspondre.

On était cependant parvenu à faire connaître à San-Martin la faute qu'il avait commise, et il ordonna vers la nuit de changer de position ; mais c'était précisément le jour de l'anniversaire de sa naissance : on voulut le célébrer, et la plupart des soldats et même

des officiers étaient dans l'impossibilité d'exécuter
avec promptitude les ordres qui furent donnés à cet
égard. Le général espagnol, qui s'était bien aperçu de
la mauvaise position de l'armée indépendante, chercha à en profiter. Le même jour à la nuit, il sortit
de Talca, et attaqua brusquement la gauche de l'armée
de San - Martin, qui commençait à se mettre en
mouvement pour changer de situation.

L'attaque des Espagnols, selon la position qu'avait
prise San - Martin, se dirigeait obliquement sur son
aile gauche. Les troupes des indépendans, la plupart
en ligne, dirigèrent leur feu dans la direction de leur
front ; les ombres de la nuit leur dérobant les mouvemens de l'ennemi, il n'incommoda par conséquent que très-peu les assaillans. La confusion se mit
dans les rangs, et bientôt l'armée se dispersa entièrement, sans que le général San - Martin ait eu la présence d'esprit de réunir au moins un corps quelconque qui ait pu réussir à arrêter les progrès des Espagnols, et donner le temps à ses troupes de se rallier
sur un autre point.

L'aile droite cependant, comme étant plus loin du
point d'attaque des Espagnols, se retira dans un meilleur ordre jusqu'à San-Fernando, où elle joignit le général San-Martin qui, retenu par un reste de honte,
n'avait pas encore osé passer la Cordilière, ou s'embarquer à Valparaiso sur un bâtiment anglais qui avait
des ordres pour le recevoir.

La nouvelle de la dispersion de l'armée jeta la consternation dans Santiago, et la plupart des meilleures

familles quittèrent cette capitale avec précipitation.
C'est alors qu'une partie du peuple destitua le colonel
Cruz, qui remplaçait provisoirement le directeur
O'Higgins, et nomma à sa place ce même Rodriguez,
qui, dans le temps où les troupes du Roi d'Espagne op-
primaient le Chili avec le plus de barbarie, n'avait cessé
de combattre pour l'indépendance de son pays. Son
énergie ne contribua pas peu à relever l'esprit public.
Peu de jours après sa nomination, San-Martin et
O'Higgins arrivèrent à Santiago avec les débris de
l'armée, ce dernier reprit alors les rênes du gouvernement, et Rodriguez se mit à la tête de plusieurs
corps de milices, bien résolu de mourir pour la cause
de sa patrie, plutôt que de l'abandonner aux Espagnols.

San-Martin trouva des ressources immenses dans
le patriotisme des habitans du Chili ; les corps furent
réorganisés tant bien que mal, et enfin, vers le commencement du mois d'avril, quinze jours après la
malheureuse affaire du 19, les fuyards s'étant réunis,
le général San-Martin se retrouva encore à la tête
de cinq mille hommes qui ne tardèrent pas à être
attaqués, par l'armée victorieuse d'Osorio dans les
plaines de Maïpu.

CHAPITRE VIII.

Bataille de Maïpu.

Nous donnerons ici une analyse du rapport que le général San-Martin fit de la bataille de Maïpu; elle eut pour suite la dispersion totale des Espagnols. Il est adressé au directeur suprême des provinces de Buénos-Ayres.

« Les événemens désastreux de Cancha Rayada, arrivés dans la nuit du 19 du mois passé, ébranlèrent les bases de la liberté du Chili.

» Dans cette malheureuse circonstance, des troupes vaillantes et disciplinées furent dispersées sans combat : nos bagages, le matériel de l'armée, nos vivres, tout resta entre les mains de l'ennemi, qui n'avait pu triompher qu'en s'enveloppant des ombres de la nuit.

» Votre Excellence comprendra difficilement comment dans l'espace de trois jours, et à la suite d'une retraite de quatre-vingt lieues, on vint à bout de réorganiser l'armée, de la renforcer, et de ranimer son esprit abattu. L'intérêt, l'énergie, et la fermeté avec lesquels les chefs et officiers coopérèrent à rétablir l'ordre dans les corps, est digne des plus grands éloges ; malgré ces efforts incroyables, nos forces étaient inférieures à celles de l'ennemi qui s'avançait avec rapidité , pour nous livrer un nouveau combat.

» Le premier du courant, j'eus avis que le général Osorio avait passé le Maïpu au gué de Longuen , et qu'il marchait dans la direction des gorges de la Calera.

» Le 2 , je pris position le long des canaux d'Espejo; les 3 et 4 , on se tiraillâ de part et d'autre ; et toute la nuit nos troupes furent sous les armes.

» Enfin , le 5 , l'ennemi s'ébranla , ses mouvemens paraissaient avoir pour objet de déborder notre droite pour menacer la capitale , et couper nos communications d'Aconcagua et s'assurer celles de Valparaiso.

» Aussitôt que je m'aperçus de cette intention , je jugeai convenable de l'attaquer , et de m'opposer à ses entreprises.

» En conséquence , je remis le commandement de l'infanterie au général Balcarcel ; le colonel Heras dirigeait sa droite ; le lieutenant-colonel Alvarado , sa gauche ; et le colonel Quintana, la réserve. La cavalerie de la division de droite , composée de grenadiers à cheval , fut placée sous les ordres du colonel Zapiola ; celle de la division de gauche , formée des escadrons d'escorte du directeur du Chili et des chasseurs à cheval des Andes, fut confiée au colonel Ramon-Freyre.

» L'ennemi voyant ces dispositions , prit une position assez bien entendue , et plaça sur un mame-

lon qui protégeait sa gauche, quatre pièces d'artillerie, soutenues par un bataillon de chasseurs.

» Nos forces concentrées en colonnes serrées et pa-
rallèles inclinaient sur la droite de l'ennemi et présentaient une attaque oblique sur son flanc. La
réserve qui devait suivre le mouvement, était chargée de soutenir la droite, et de tourner l'ennemi ;
deux batteries, l'une de 8 pièces, l'autre de 4,
placées avantageusement, commencèrent alors à jouer
avec succès sur l'ennemi.

» L'armée indépendante, ainsi formée, descendit de
la petite colline qu'elle occupait, et marcha sur l'armée royale, l'arme au bras. Elle fut reçue par un
feu terrible ; la batterie du mamelon surtout l'in-
commodait beaucoup ; mais rien n'arrêta sa marche
qu'elle continua avec sang froid.

» Pendant ce mouvement, un corps de cavalerie ennemi chargea sur les grenadiers à cheval, qui avan-
çaient de front, à la hauteur des lignes. Deux de
ses escadrons se voyant menacés n'hésitèrent pas à
fondre sur l'ennemi, ils le poursuivirent jusqu'au mamelon, où ils furent arrêtés par le feu de l'infanterie et
la mitraille de l'artillerie, s'étant réformés et se sentant appuyés par l'infanterie du colonel Zapiola, ils
revinrent à la charge et parvinrent, sur ce point, à
mettre la cavalerie ennemie en déroute.

» Pendant cette action, le feu continuait avec fureur entre notre gauche et la droite de l'ennemi, où
étaient placées ses meilleures troupes, qui ne tardèrent

pas à se former en colonnes serrées, et à marcher sur nous, soutenues par un corps de cavalerie.

La batterie de 8 pièces du Chili, se plaça alors dans une position à enfiler les lignes ennemies, et parvint, par un feu de mitraille bien nourri, à contenir sa cavalerie.

Malgré ce feu et les efforts des commandans Alvarado et Martinez, qui déployèrent leur intrépidité ordinaire, nos colonnes de gauche commencèrent à se rompre ; mais dans ce moment j'ordonnai au colonel Quintana de charger l'ennemi avec sa réserve ; ce qu'il exécuta de la manière la plus brillante à la tête du numéro 1 du Chili, des numéros 3 et 7 des Andes, et du numéro 1 de Coquimbo. Cette charge rétablit l'ordre, et les différens corps revinrent au feu avec plus d'énergie que jamais.

Les escadrons de l'escorte du directeur et des chasseurs à cheval, sous les ordres du brave colonel Freyre, chargèrent également, et furent repoussés plusieurs fois.

La constance et la bravoure de nos troupes parvinrent enfin à vaincre l'opiniâtreté de l'ennemi, et leurs positions furent enlevées à la baïonnette, après avoir été inondées de leur sang.

Ce premier succès paraissait devoir nous donner la victoire ; mais il ne fut pas possible de rompre entièrement les colonnes ennemies. Notre cavalerie sabrait leurs flancs et leur arrière-garde sans les enfoncer, et elles parvinrent à gagner une position à l'entrée des ruelles d'Espejo, où recommença une action sanglante, qui dura plus d'une heure.

Mais enfin, les bataillons du numéro 1 de Coquimbo, et ceux du numéro 11, ayant renforcé le numéro 3 d'Aranco, et les compagnies des autres corps qui soutenaient le combat, ils enfoncèrent l'ennemi et le mirent dans le plus affreux désordre.

Pendant cette action, la cavalerie indépendante, s'étant emparée de toutes les issues, acheva la destruction totale de l'ennemi.

Le général Osorio s'échappa, ainsi que deux cents hommes de cavalerie, qui tomberont probablement sous les coups des partisans qui sont détachés à leur poursuite; tous les généraux sont en notre pouvoir; les prisonniers s'élèvent à trois mille, dont près de deux cents officiers; le champ de bataille est couvert de plus de deux mille cadavres; l'artillerie, les parcs, les ambulances, le trésor, en un mot, toute l'armée royale est détruite, ou en nos mains.

Notre perte, en morts et blessés, peut s'évaluer à mille hommes.

Le général O'Higgins, quoique encore blessé depuis l'affaire de Cancha-Rayada, est arrivé sur le champ de bataille; et c'est avec peine que j'ai appris que cette démarche, provoquée par son patriotisme avait aggravé son état.

Santiago, le 1er. avril 1818.

Signé J. DE SAN-MARTIN.

Telle est la relation officielle de cette affaire. Après les trophées de cette journée, l'armée victorieuse rentra dans Santiago, aux acclamations d'une population ivre de joie.

Mais au lieu de poursuivre ces succès, chaque corps rentra dans ses casernes; quelques escadrons de cavalerie seulement marchèrent sur Talca, et Osorio, sans armée, resta paisible possesseur de la province de Concepcion.

San-Martin laissa le commandement de l'armée au général Balcarsel, et partit pour Buénos-Ayres. Il arriva le 18 avril à Mendoza, où il ne resta que le temps nécessaire pour recevoir les fêtes qu'on lui préparait, et se dirigea ensuite sur la capitale, pour y assister aux réjouissances publiques dont il devait être le héros.

CHAPITRE IX.

Expulsion totale des troupes espagnoles du Chili; situation actuelle de cette province et de celle de Buénos-Ayres.

LE général San-Martin, après avoir recueilli les hommages du peuple, quitta Buénos-Ayres dans le mois de juin, et se dirigea sur Mendoza, où il séjourna quelque temps. Ce ne fut qu'à son arrivée à Santiago, qu'on s'occupa sérieusement de chasser les Espagnols de la province de Concepcion. Le gé-

*

néral Balcarsel marcha sur cette province, à la tête
de l'armée, dite du Sud. Le colonel Sanchez, qui
commandait les Espagnols, se vit bientôt forcé d'a-
bandonner Concepcion et Talcahuano, et se retira
dans l'intérieur de la province. Le général Balcarsel
le suivit et entra dans la ville de Los-Angeles, le
18 janvier ; le 20, le colonel Albaredo, à la tête
de son régiment et des grenadiers à cheval, remporta quelques avantages sur les Espagnols ; à la suite
desquels ils se virent forcés de passer le Bio-Bio,
et de se retirer au milieu des Araucaniens. Le général Balcarsel ouvrit des négociations avec ces Indiens, et eut l'adresse de les engager à abandonner
le parti espagnol ; en effet, ils ne tardèrent pas à
trahir le colonel Sanchez, qu'ils cherchèrent à surprendre dans son camp : ce qu'ils n'exécutèrent pas,
faute d'énergie.

Les Espagnols, réduits à quatre ou cinq cents
hommes, se décidèrent alors à se retirer sur Valdivia, où ils auront probablement beaucoup de peine
à arriver et à se maintenir.

Après tous ces avantages, on voit que les affaires
du Chili, au commencement de 1819, présentaient
l'aspect le plus brillant, d'autant plus que la flotte
indépendante venait de prendre une attitude ef-
frayante pour le vice-roi de Lima, par l'arrivée de
lord Cochrane avec plusieurs bâtimens de guerre.
Cet amiral anglais, auquel on a donné le commandement des forces navales du Chili, a déjà plusieurs fois
menacé Lima : le 23 février, il entra dans le Callao

(port de Lima) , d'où il ne sortit qu'après avoir beaucoup maltraité les bâtimens de guerre espagnols, qui étaient sous la protection des forts de cette ville.

A cette époque , l'escadre du Chili pouvait se composer de 6 bâtimens , savoir :

La frégate *O'Higgins* , de 5o canons ; la frégate *San-Martin* , de 5o canons; la corvette *le Coquimbo* , de 16 canons ; le brick *la Galbarine* , de 18 canons ; et deux autres brick , de 14 canons chaque ; de plus , cette force doit avoir été augmentée de deux corvettes achetées aux Etats-Unis , et de quelques prises.

Le gouvernement de Buénos-Ayres , qui avait à craindre que les Monteneros , ou bandes organisées de Santa-Fé , ne parvinssent à intercepter les communications de Mendoza et du Tucuman , se décida à envoyer le général don Ramon-Balcarsel (frère de don Antonio-Balcarsel, qui commande au Chili) sur Santa-Fé , avec un corps composé de dix-huit cents hommes. Il partit de Buénos-Ayres dans le mois d'octobre. Cette expédition n'eut pas l'issue qu'on en attendait. Le général Balcarsel fut remplacé pour cause de maladie , par le colonel Viamont , qui arriva au Rosario , le 9 janvier , avec quelques renforts , qui portèrent son armée à deux mille hommes. Les troupes de Buénos-Ayres ayant obtenu un faible avantage à Malinqui , marchèrent sur San-Nicolas. Mais après plusieurs actions partielles qui ne décidèrent rien , il fut conclu un armistice entre les troupes de Buénos-Ayres et celles de Santa-Fé , qui fut bientôt suivi d'une convention avec Artigas , dont les points principaux furent que la province de Santa-Fé jouirait d'une entière liberté, et que les troupes de Buénos–Ayres n'occuperaient plus son territoire, ni celui de la Bande Orientale.

La séparation de ces provinces, de l'autorité de Buénos-Ayres, cessera aussitôt qu'Artigas aura perdu l'influence qu'il exerce sur les habitans, et lorsque Buénos-Ayres aura achevé les grandes entreprises qui sont l'objet de ses efforts, et qui absorbent toutes ses forces.

Le corps avec lequel Artigas soutient son indépendance, peut s'élever à deux mille hommes.

Quant à l'armée du Pérou, sous les ordres du général Belgrano, elle occupait les mêmes positions dans le Tucuman, sans être trop inquiétée par les Espagnols. Elle envoya cependant cinq à six cents hommes à Cordova, afin de prévenir les désordres qui pouvaient naître dans cette province, par suite du voisinage de Santa-Fé, dont les partis s'approchaient souvent.

L'armée espagnole du Pérou, sous les ordres de Laserna, occupait les biens du marquis Llare, au-dessus de Jujui, où elle était contenue par Guemez, gouverneur de Salta, qui exerçait sur les paysans de cette province, à-peu-près la même influence qu'Artigas sur ceux de la Bande Orientale.

Pendant la campagne du Chili, Laserna tenta plusieurs fois de descendre dans la province de Salta. Mais toujours inquiété par Guemez, et contenu par le général Belgrano, il échoua dans son entreprise.

Le caractère entreprenant de Guemez le rendait redoutable : le général Belgrano , par une politique adroite , a su entretenir une bonne intelligence avec ce gouverneur.

Lors de la dernière expédition , que Buénos-Ayres envoya à Santa-Fé , les Monteneros paraissaient vouloir intercepter les communications du Pérou. En conséquence , le général Belgrano reçut l'ordre de se retirer jusqu'à Lujan , petite ville à seize lieues de Buénos-Ayres , afin de soutenir l'entreprise dirigée sur Santa-Fé , et couvrir la capitale. Ce fut même le général Belgrano qui fit en partie l'armistice et le traité qui fut conclu avec Artigas.

Montevideo, tombé, vers le milieu de 1817, au pouvoir des Portugais, ainsi que la colonie, est encore au pouvoir de cette nation ; mais il est présumable qu'ils finiront par abandonner cette ville , étant harcelés et tenus continuellement sur pied par les partis d'Artigas.

Quant au gouvernement de Buénos-Ayres, il marche avec assez d'énergie sous l'égide d'une représentation nationale. Les députés ont rédigé une constitution sage et libérale , qui promet au peuple le juste prix de ses efforts pour conquérir son indépendance.

Telle est la position de cette contrée, qui, comme on le voit , est encore démembrée. Mais Buénos-Ayres, après avoir consommé l'indépendance du Chili, réunira facilement en un seul corps d'état les provinces qui s'en sont séparées ; et forte de cette union , son gouvernemeut pourra alors , en combinant ses opérations avec le Chili , tenter la conquête du Pérou , déjà épuisé par les dernières campagnes et fatigué du joug des Espagnols.

Troisième Partie.

CHAPITRE PREMIER.

Portraits des Généraux commandant les armées idépendantes, et des chefs du gouvernement de Buénos-Ayres et du Chili.

—

Nous terminons cette relation par quelques anecdotes propres à faire connaître plus intimement les chefs qui dirigent le Gouvernement, et qui commandent les armées indépendantes, afin de mettre nos lecteurs à même de les juger impartialement, sans avoir égard aux circonstances qui peuvent les avoir portés aux postes éminens qu'ils occupent. Au premier rang, nous placerons San-Martin, qui s'est rendu remarquable par l'expulsion des troupes espagnoles du Chili.

Don José San-Martin, né dans les missions du Paraguay, se trouvait en Espagne à l'époque de l'invasion des Français : il y obtint, en récompense de ses services, le grade de lieutenant-colonel. Les événemens qui affranchirent sa patrie du joug Européen, l'ayant engagé à retourner en Amérique en 1812, il fut placé à la tête d'un escadron de cavalerie, et se distingua : sous les murs de Montevideo, nommé colonel, il fut chargé de réorganiser les débris de l'armée du Pérou ;

ce qui lui valut la dignité de gouverneur de Mendoza. Le président Puyredon l'éleva bientôt au commandement en chef de l'armée des Andes, et nous avons vu de quelle manière il dirigea ses mouvemens dans la campagne du Chili, et acquit cette réputation qui lui donne aujourd'hui une influence si importante dans le Gouvernement.

Malgré ces succès et cette élévation qui sembleraient prêter au général San-Martin toutes les qualités qui constituent les hommes d'état, il est notoire que les circonstances ont, en grande partie, fait les frais de sa renommée et de ses victoires : on a pu s'apercevoir des fautes sans exemple commises par ce général, de son irrésolution, de la lenteur de ses mouvemens, et des mauvaises positions dans lesquelles il a attendu l'ennemi. Son infériorité, comme chef d'armée, n'a jamais été effacée par ce courage qui fait excuser quelquefois le défaut de talens et de tactique qui donne, au moins par l'exemple qu'il imprime, l'énergie si nécessaire aux troupes, et qui décide si souvent du sort des batailles ; mais étant doué d'un esprit qui ne manque pas de finesse, il a l'art de colorer ses fautes de la teinte de la nécessité, et de faire attribuer ses succès à la force de ses combinaisons : il se maintient dans le grade élevé qu'il occupe, par une abnégation feinte de toute idée ambitieuse : enfin, cet homme, qui ne possède aucune des qualités qui caractérisent les grands capitaines, a tous les vices qui peuvent en tenir lieu : la dissimulation, la politique, la soumission et l'orgueil.

San-Martin cherche à se donner la réputation d'un homme infatigable. A cet effet, il dort quand tout le monde veille, et veille quand tout le monde dort; il affecte d'avoir une santé usée par l'habitude d'un travail opiniâtre, et s'efforce d'accréditer encore cette opinion, en adoptant une écriture tremblée, souvent illisible; mais le trait le plus blâmable de son caractère est la fausseté et l'hypocrisie : d'une main il caresse, et de l'autre il déchire. C'est ainsi qu'il conduit ses victimes à l'exil ou à leur perte. On pourrait présenter une multitude de traits auxquels San-Martin n'est pas étranger, et dont la noirceur n'est pas même excusée par des motifs politiques.

Entr'autres, je citerai la fin tragique de M[l]. Rodriguez, ce partisan intrépide, cet homme courageux, qui ne cessa de combattre pour l'indépendance du Chili, sa patrie, dont il n'abandonna jamais le sol, même lorsqu'elle courbait le front sous le joug des Espagnols; qui ne devint jamais tant à craindre pour les royalistes qu'après leurs succès, son courage et son intrépidité s'augmentant de ses revers; qui contribua au succès de Maïpu, quoique le général San-Martin n'en fît nullement mention dans son rapport; et enfin qui se rendit digne de l'admiration des Chiliens, par une foule de traits héroïques qui attestent sa valeur et son ardent amour pour l'indépendance. Son caractère entreprenant le rendant redoutable aux agens du gouvernement de Buénos-Ayres, San-Martin l'accusa de conspiration : on l'enchaîna; et pendant qu'on le conduisait dans cet état ignominieux à Quillota, l'officier qui l'escortait l'assassina lâchement, et s'excusa, en déclarant que son prisonnier avait voulu s'échapper. Tout le Chili, qui pleure ce citoyen, est persuadé qu'il n'a péri que par les ordres secrets de San-Martin.

Voici comment s'exprime une lettre écrite de Santiago, le 13 juillet 1818, et qui annonce cet événement à un Français au service des armées indépendantes, que la jalousie de San-Martin avait également privé de son emploi.

« Je vous annonce, avec regret, la mort de Manuel
» Rodriguez, assassiné par un lieutenant de bataillon
» des chasseurs des Andes, nommé Navarro, qui
» l'escortait jusqu'aux prisons de Quillota. Vous en-
» tretenir de la douleur générale que cet événement
» a causée au Chili, serait ne plus en finir ».

Il n'est pas surprenant que le général San-Martin, après avoir signé des ordres aussi barbares, ait écrit en tremblant.

Le chef de l'armée de Buénos-Ayres est d'une taille haute; un teint foncé, de gros favoris, lui donnent une physionomie caractérisée et militaire : il affecte de la simplicité dans ses vêtemens, de la modestie dans ses manières, de la franchise dans ses discours ; mais, comme nous l'avons dit, c'est un comédien politique : le masque des vertus est un vice plus honteux que le vice même.

San-Martin aime les femmes et les liqueurs : on prétend même que le jour de la bataille de Maïpu, il était dans un état bien étrange pour un général en

chef : mais sa passion dominante est la gloire ; il re-
çoit avec complaisance les hommages qu'on lui rend,
les fêtes qu'on lui donne, et à l'issue de ses succès au
Chili, il ne manqua pas de traverser toute l'Amérique, c'est-à-dire de faire quatre à cinq cents lieues
pour assister aux réjouissances de Buénos-Ayres. Il
affecte cependant une grande simplicité, une modestie
extrême. Voici comment les papiers de Buénos-Ayres
s'expriment à ce sujet après les avantages de la journée
de Maïpu.

« Le lundi 11 de mai, à quatre heures du matin, le
général San-Martin est entré dans cette capitale, de
retour de sa glorieuse campagne. Sa modestie a échappé
aux honneurs que ses concitoyens reconnaissans se pro-
posaient de rendre au sauveur de la patrie, pour ex-
primer les sentimens dont ils étaient pénétrés. Des
arcs de triomphe, des transparens, des vers, ne pei-
gnaient que faiblement l'allégresse publique ; elle
était peinte sur tous les visages ; elle existait dans tous
les cœurs : c'est la plus douce, la plus honorable récompense d'un véritable fils de la liberté. Mais si le
général San-Martin échappe aux hommages, aux honneurs qui lui étaient dûs, il ne peut se soustraire à la
gratitude nationale, dont il a reçu des marques non
équivoques ».

Après cette pièce, il est peut-être convenable de
montrer le style de ce général après la même victoire.

Dépêche du général San-Martin au vice-roi du Pérou,
don Joaquin de la Pezuela.

« Le sort des armes a mis en mon pouvoir, le 3 du
» courant, dans les champs de Maïpu, toute l'armée
» à laquelle V. E. avait confié la conquête du Chili.
» A l'exception du général Osorio, qui probablement
» subira le même sort, rien n'a échappé à la valeur
» de mes troupes ; le droit de représailles m'auto-
» risait à traiter les vaincus comme nous eussions été
» traités d'après les ordres barbares du commandant
» espagnol ; mais l'humanité impose d'autres lois, et
» je n'ai pas voulu me venger sur des malheureux
» assez punis en voyant leur orgueil déçu et leurs
» présomptueuses espérances trompées.

» Tous les prisonniers consistant en presque tous
» les généraux, deux cents officiers et trois mille
» soldats, ont reçu les secours que mon caractère
» me prescrivait de leur donner.

» Il ne tient même qu'à V. E. de leur rendre la li-
» berté, en acceptant l'échange qui vous a déjà été
» proposé pour mes compatriotes, et que vous avez
» rejeté. Envoyez-moi ces infortunés, et je m'engage,
» sur mon honneur, à vous rendre un pareil nombre
» d'hommes, grade pour grade. Le traitement qu'a
» éprouvé le major Torrès n'étant pas celui qu'on
» doit à un parlementaire chargé de paroles de paix, et
» désirant, d'ailleurs, prouver ma bonne foi, je charge
» le lieutenant-colonel espagnol Pédro Moriéga, de
» vous donner cette communication, espérant que si

» V. E. n'accepte pas les conditions que je lui propose,
» elle me renverra cet officier, auquel je n'ai rendu la
» liberté que pour accélérer la paix.

» Dieu donne à V. E. une longue suite d'années!

« A Santiago du Chili, le 11 avril 1818.

» Jose SAN-MARTIN ».

Il serait bien difficile d'apprécier les raisons qui
engagèrent le général San-Martin à se défaire du général Brayer, et à chercher à l'accabler du mépris de
tous les Américains. Lorsque le général Brayer arriva
à Santiago, il fut parfaitement reçu par le général
San-Martin, qui le nomma chef d'état-major de l'armée. A peine avait-il eu le temps de commencer à
améliorer quelques parties de l'administration, que
San-Martin chercha à l'éloigner. On ne pouvait cependant pas l'accuser d'avoir agi contre ses intentions, ou
d'avoir choqué son amour-propre ; car, au contraire,
le général Brayer montra la plus grande attention à
lui complaire, à ménager sa vanité, à flatter ses er-
reurs, et l'on pouvait plutôt lui reprocher trop de
faiblesse et de complaisance. Malgré cette conduite
politique, on lui ordonna de se rendre à l'armée de
Concepcion, commandée par le général O'Higgins,
afin de l'assister dans les opérations du siége de Talcahuano. Nous avons fait connaître l'issue malheureuse de l'assaut dont le général Brayer avait donné
les dispositions : tout le blâme de cet événement retomba sur lui, quoiqu'on fût bien persuadé que la malveillance seule avait provoqué la retraite des troupes,

au moment où elles s'étaient déjà emparées de quelques retranchemens , qu'elles abandonnèrent précipi-
tamment au signal de retraite donné par les tambours.

Après cet événement inconcevable , le général
Brayer voyant s'augmenter le nombre de ses ennemis,
se contenta de suivre les mouvemens de l'armée dans
sa retraite sur Talca , et fut obligé de fermer les yeux
sur des désordres continuels qu'il ne pouvait arrêter.

On a vu que le général San-Martin , après la réunion de l'armée de l'ouest à celle de Talca , dans les
environs de San-Fernando , donna au général Brayer
un commandement qu'il lui retira quelques jours
après , sous le prétexte frivole qu'ayant passé sur les
derrières des Espagnols avec le corps de cavalerie , il
s'était mis en position sur une hauteur en vue de l'ennemi ; au lieu de se placer dans un fond pour lui ca-
cher ses forces : il prétendit que cette faute était causé
qu'il n'avait pu s'emparer de la colonne d'*Ordunez* ; il
lui ôta donc son commandement , et lui laissa le titre
honorifique de chef d'état-major ; ce qui veut dire à-
peu-près qu'il marchait à la suite de l'armée sans fonctions et sans utilité.

Lors des désastres de Cancha Ragada, le général Brayer
ayant perdu le peu qu'il possédait , se retira à Santiago
pour y prendre quelques jours d'un repos bien nécessaire
à sa santé. La fatigue avait fait rouvrir plusieurs blessures qu'il avait reçues au service de son pays. Malgré
sa situation , il écrivit à San-Martin , pour le prier de
lui accorder un commandement lorsqu'il s'agirait de

combattre. Sa demande fut rejetée avec dédain, et on le traita avec mépris. Tant de mauvais procédés le forcèrent enfin à donner sa démission. Après l'affaire de Maïpu, il revint à Buénos-Ayres ; et voulant justifier sa conduite aux yeux des Américains, il publia un Mémoire, dans lequel il repoussa, avec fermeté et candeur, les inculpations de ses ennemis.

San-Martin, en apprenant que le général Brayer avait cherché à se justifier, craignit pour sa propre réputation, et mit en œuvre toutes les ressources de son pouvoir et de son caractère intrigant, pour détruire l'impression que le Mémoire du général Brayer pourrait produire sur les esprits. Il alla plus loin. Hors d'état de repousser les inculpations dirigées contre lui, il fit tous ses efforts pour perdre le général Brayer, qui redoutant un ennemi aussi dangereux, passa à Montevideo, où il fut parfaitement accueilli par le général Lecor, qui commande l'armée portugaise. Lorsqu'il quitta Buénos-Ayres, il lui était dû sept à huit cents piastres, dont il lui a été impossible d'obtenir le paiement. Aujourd'hui le général Brayer n'a d'autres ressources que la générosité de quelques Français qui habitent Montevideo.

On pourra encore juger du caractère du général San-Martin, par sa conduite envers un officier français, M. Cramer, qui arriva à Mendoza dans le mois d'août 1818. Il fut chargé de former, dans cette ville, le n°. 1 de chasseurs, et le n°. 8, dont il fut nommé commandant. Il introduisit dans l'armée une tactique nouvelle pour ce pays, et une discipline dont on n'avait

qu'une faible idée. Il ne borna pas ses services à ces
innovations, et contribua à la victoire de Chacabuco.
Loin de reconnaître les efforts de cet officier pour se
rendre utile, San-Martin chercha tous les moyens de se
défaire de lui, lorsqu'il eut achevé l'organisation de
son régiment, qui, par sa tenue et son instruction,
pouvait servir de modèle à toute l'armée.

En conséquence, lorsqu'il crut que ce régiment
pouvait se passer de celui qui l'avait formé, il le
destina à un neveu du général Balcarsel; et pour
motiver cet injuste remplacement, il accusa le chef de
bataillon Cramer d'avoir autorisé un duel, et fit
convoquer un conseil de guerre pour le juger. Ce conseil rendit une décision qui déclarait que M. Cramer
n'était point coupable, et qu'on lui devait une répara-
tion à l'ordre général de l'armée. Peu satisfait de cette
conclusion, San-Martin prétendit que ce jugement
devait être révisé par le conseil suprême de Buénos-
Ayres. Il eut soin, en lui adressant cette procédure
ridicule, de peindre le commandant français comme
un homme à craindre par l'influence qu'il exerçait
sur sa troupe et sur les habitans du Chili; il in-
sinua même que cet officier était prêt à prendre le
parti des Carrera. C'en était assez pour le perdre.
San-Martin fut donc autorisé à lui retirer son emploi;
mais craignant un mouvement de la part de son régiment, il s'y prit adroitement, et sous prétexte de charger
M. Cramer de l'organisation des milices de Santiago, il
le dirigea sur cette ville, et de là à l'armée du Pérou.

Cet officier, avant de quitter Santiago pour se

rendre à sa nouvelle destination, revit le général San-Martin, qui lui fit toutes les caresses de la perfidie. Il se plaignit beaucoup d'être forcé, par les instructions du Gouvernement, de se séparer de lui; il eut même l'air de vouloir le conserver à l'armée du Chili, et lui donna des lettres pour le Gouvernement et pour le général Balcarsel, qui, comme on le sait, commandait l'armée en son nom; mais il eut soin de donner en secret des ordres très-sévères pour que M. Cramer passât de suite au Pérou : néanmoins San-Martin lui fit remettre, à Mendoza, une lettre de recommandation pour le général Belgrano, qui le reçut très-bien, et le nomma son aide-de-camp. Mais après un mois et demi de séjour au Tucuman, on lui intima l'ordre de rendre les brevets qu'il avait obtenus du Gouvernement, sans qu'on lui donnât la moindre raison susceptible de justifier cette conduite à son égard. Le commandant Cramer revint à Buénos-Ayres, où il lui fut impossible de découvrir la source de cette destitution arbitraire. Il faut espérer que l'établissement d'une constitution sage et libérale, servant de frein à l'oppresseur, et d'appui à l'opprimé, fera cesser ces actes despotiques, si peu dignes d'un peuple libre et d'un Gouvernement républicain.

Le général O'Higgins, directeur actuel du Chili, est d'origine irlandaise. Son père, qui commanda long-temps le Chili, fut élevé par l'Espagne à la dignité de vice-roi du Pérou, en reconnaissance de ses services éminens.

O'Higgins est d'une taille moyenne. Il a une figure

ouverte, les yeux vifs, de la franchise dans le caractère, de la rectitude dans le jugement : il est brave et dominé par l'amour de la liberté et le bien-être de son pays ; mais on doit lui reprocher d'entrer trop dans les vues ambitieuses de Buénos-Ayres. San-Martin, avec sa dissimulation, a l'art de le dominer : au reste, cette condescendance, d'une part, et cette influence, de l'autre, a maintenu l'union entre deux chefs dont la séparation aurait infailliblement été nuisible à la chose publique.

Le général Belgrano, que nous avons vu au nombre des premiers hommes courageux qui se prononcèrent en faveur de la liberté, qui, par son adresse, engagea le Paraguay à secouer le joug des Espagnols, qui obtint à l'armée du Pérou des succès éclatans, et qui essuya des revers souvent dus à sa loyauté, est un homme doué de grandes qualités, et qui se distingue, en outre, par un esprit cultivé. Ancien avocat, l'esprit d'indépendance et l'espoir de contribuer au bonheur de sa patrie, l'attirèrent dans la carrière politique. Si ses talens militaires sont bornés, il possède, en revanche, de la fermeté, du sang-froid et de la sagesse, ainsi que des connaissances administratives, qui ne peuvent que lui assigner une place distinguée dans le gouvernement.

Le général Balcarsel, qui a partagé le commandement de l'armée du Chili avec San-Martin, est un homme médiocre sous le rapport des talens militaires et de la culture de l'esprit; tout son mérite consiste dans une politique adroite, et dans un carac-

tère souple et dissimulé. Il fut du nombre des moteurs
de la révolution ; son ambition, plus que l'amour de
l'indépendance, le jeta dans ce parti.

Le général Rondeau, que nous avons vu sous les
murs de Montevideo, qui fut élevé un instant à la
dignité de directeur, se livra quelque temps au commerce : la révolution l'entraîna dans la carrière des
armes et de la politique ; pendant son cours, il
eut l'occasion de développer quelques talens, et l'art
de se former des partisans : ses intentions sont pures,
ses vues sont droites, et il n'agit que dans les intérêts de ses concitoyens et de la liberté. Il paraît qu'il
vient de remplacer provisoirement le directeur Puyredon ; et si le congrès souverain ne le confirme pas
dans ces éminentes fonctions, il est à présumer que
le général Belgrano réunira les suffrages : du moins
ses talens et son caractère semblent lui assigner cette
dignité.

Le directeur Puyredon, d'origine française, se
livra quelque temps au commerce et se distingua, dans
le cours de la révolution, par sa retraite du Potosi,
dont il sauva les trésors. Doué des avantages de la nature et des dons de l'esprit, il s'était déjà fait connaître avantageusement en Espagne : ses brillantes qualités, ses services, son amour pour la liberté et son
dévouement pour la patrie, l'élevèrent au gouvernement de Buénos-Ayres, dans lequel il introduisit des
réformes heureuses, et maintint une tranquillité bien-
faisante. On lui doit encore l'établissement d'une cons-

titution libérale, qui assurera le bonheur des peuples qu'il gouverne (1).

Don-José Artigas, qui commande la partie nommée Bande-Orientale, est né dans ces parages, où il exerce depuis long-temps une grande influence sur les habitans. Ce général, quoique d'un âge assez avancé, ne manque ni d'énergie ni d'activité. Nous répéterons ici ce que nous avons déjà dit de son caractère. Cet homme singulier a pris un tel ascendant sur ses compatriotes, qu'ils sont forcés de rechercher son amitié ou de craindre son ressentiment. Il joint à l'amour le plus ardent pour l'indépendance le despotisme le plus absolu. Sa haine pour le gouvernement de Buénos-Ayres est si déterminée, que ses efforts constans ont tendu à se défendre contre son autorité usurpatrice.

Artigas partage les mœurs et les manières sauvages du peuple : il a une connaissance parfaite du pays qu'il gouverne, de ses ressources, de son esprit ; il sera toujours un ennemi dangereux à combattre sur son terrain.

On a peu ou point de notions sur *Francia*, qui a soumis et qui maintient le Paraguay dans une indépendance particulière. Ce chef a pris le titre de

---

(1) Des renseignemens récens sur la situation de cette contrée annoncent que le directeur Puyredon, après avoir publié la constitution qu'on doit à sa sagesse, s'est démis de sa charge, et qu'il a été remplacé par le général Rondeau, dont nous avons eu occasion de parler fréquemment dans cette relation.

dictateur, et gouverne en despote les peuples de cette contrée, qui jouissent au reste de la tranquillité la plus parfaite.

CHAPITRE II.

Conspirations tramées contre les gouvernemens indépendans de Buénos-Ayres et du Chili.

Après cette esquisse du caractère des hommes qui sont placés à la tête des gouvernemens et des armées indépendantes de Buénos-Ayres et du Chili, nous citerons quelques-unes des tentatives faites par des hommes entreprenans et coupables pour s'emparer du pouvoir ou pour le renverser.

Nous avons vu, au commencement de la révolution du Chili, l'entreprise audacieuse des trois frères Carrera, leurs succès, leurs revers, enfin leur détention à Buénos-Ayres. Le gouvernement, croyant à leur repentir, leur pardonna, et ils usèrent de leur liberté pour attirer de nouveaux orages sur leur patrie. L'aîné se rendit aux Etats-Unis pour y mendier des secours propres à recouvrer le pouvoir qu'ils avaient usurpé un instant ; les deux autres continuèrent à agiter les esprits, et à grossir leur parti. Mais bientôt ces derniers furent pris de nouveau et jetés dans les prisons de Mendoza, du fond desquelles leur plume lançait encore des proclamations subversives, et provoquait des mouvemens révolutionnaires.

La dispersion de l'armée du général San-Martin, après la déroute de Cancha-Rayada, devant Talca, avait jeté la consternation dans Santiago ; la terreur s'emparant des habitans, porta les meilleures familles à abandonner leurs foyers. Le passage des Cordillières, qui conduit à Mendoza, fut bientôt couvert de citoyens fugitifs, qui avaient pu à peine se procurer les mules nécessaires pour porter leurs effets, l'armée ayant enlevé tous les moyens de transport : on voyait sur les routes les habitans de la ville d'Aconçagua faire porter leurs bagages par des bœufs, et monter eux-mêmes sur le joug qui réunit ces animaux pour le labourage. Cette nombreuse émigration se dirigeait sur Mendoza, où les deux Carrera s'agitaient dans leur prison. Il y avait déjà quelque temps qu'ils avaient été jugés à mort, pour les complots qu'ils avaient tramés du fond de leurs cachots. Mais la sentence avait été envoyée à Buénos-Ayres, pour être révisée par le conseil suprême. Soit timidité, soit tout autre motif, le gouvernement n'avait point encore confirmé leurs condamnations.

Les événemens dont nous venons de parler rendaient la position de la province de Mendoza très-critique. Les prisonniers de guerre qui, occupaient San-Louis de la Punta, avaient déjà cherché plusieurs fois à se soulever, et on savait que leur intention était, après avoir recouvré leur liberté, de marcher sur Mendoza. San-Martin n'ignorait pas non plus que les Carrera avaient beaucoup de partisans parmi les émigrés qui se dirigeaient sur Mendoza : toutes ces causes réunies précipitèrent la mort des deux frères, et l'ordre de leur exécution fut donné.

Don Toribio Luxuriaga, gouverneur de Mendoza, forma un conseil de trois docteurs du pays, parmi lesquels on remarquait le secrétaire particulier de San-Martin, qui probablement avait apporté l'ordre de l'exécution. Il fut décidé qu'en raison des circonstances les coupables seraient fusillés, et qu'on ne leur accorderait que deux heures pour se préparer à la mort. Ils demandèrent en vain quelque temps de plus pour régler leurs affaires.

Les habitans de Mendoza virent avec peine les préparatifs de cette exécution, et le gouverneur trouva même à propos de prendre quelques précautions pour éviter une émeute. Un peu avant la nuit, on fit sortir les deux frères de leur cachot pour les conduire au supplice. Louis, le plus jeune des deux, montra le plus grand sang-froid : il chercha même à tranquilliser son frère, qui, d'un caractère plus ardent, se répandait en invectives contre le gouverneur de Mendoza et le gouvernement de Buénos-Ayres. Il refusa de se confesser, et n'y consentit que sur la prière instante que lui fit son frère de remplir cet acte religieux dans l'intérêt de leur famille.

L'officier qui commandait le piquet chargé de l'exécution, leur avait toujours marqué beaucoup d'intérêt : Louis lui remit son mouchoir, en le priant de se souvenir de lui.

Au moment de mourir, les deux frères s'embrassèrent avec effusion, se dirent un dernier adieu, et périrent en recommandant à l'officier dont on a parlé, d'écrire à leur famille qu'ils mouraient en pensant à elle.

On peut juger de l'effet que produisit cette nouvelle sur José-Miguel Carrera qui, comme on le sait, s'était retiré à Montevideo, sous la protection des Portugais, après son retour d'Amérique. Sa haine pour le gouvernement de Buénos-Ayres ne fit qu'augmenter et devint alors légitime ; et l'on assure qu'il a juré de ne rentrer au Chili qu'après avoir fait pendre San-Martin et O'Higgins. On ne sera pas fâché de voir, à la suite de cet événement, une des proclamations qu'il adressa aux habitans du Chili, après la mort de ses frères. En voici la traduction.

AU PEUPLE DU CHILI.

« Vos destinées sont fixées.... Écoutez !.... Le Chili sera une colonie de Buénos-Ayres, comme il le fut de l'Espagne en d'autres temps ; son commerce, son industrie, seront circonscrits dans les limites que fixeront les intérêts particuliers de la nouvelle métropole. Du sein de cette métropole l'on verra sortir des gouverneurs pour ses provinces, des magistrats pour ses peuples, des généraux pour ses armées et pour ses frontières. Ses contributions seront basées sur les besoins de cette puissance ambitieuse. L'indépendance de l'Amérique doit être dirigée par la main habile d'une aristocratie inflexible. Les Portenos (1) au Chili, les Chiliens à Buénos-Ayres, soutiendront ce

_____

(1) Nom qu'on donne aux habitans de Buénos-Ayres.

système, et en seront alternativement les instrumens et les victimes. L'expédition de Lima fera couler le sang chilien, tandis que les satellites de Buénos-Ayres conserveront la conquête du Chili par la terreur.

» Buénos-Ayres deviendra une autre Rome, en gagnant des batailles par des chefs initiés dans le grand mystère de sa politique ; de cette capitale émaneront les décrets qui gouverneront le continent méridional. Ce projet n'est ni difficile ni injuste, puisque les principes immuables de la raison et de la nature déléguèrent leurs droits à la politique. Respectant les préjugés du peuple, flattant ses caprices, caressant son orgueil, les Portenos commenceront à régner par la force, et maintiendront leur pouvoir par l'habitude, laissant au temps à légitimer leurs usurpations. Si quelqu'un se présente, et cherche par l'énergie de son caractère à traverser ce projet, il périra chargé des apparences du crime qui, dans l'esprit de la multitude, toujours crédule, fanatique et superstitieuse, justifie les attentats.

» Voyez, Chiliens, le sort que le club aristocratique de Buénos-Ayres vous prépare. Du sein de cette association ténébreuse de tyrans, est sortie la sentence de mort des Carrera, mes frères, vos amis, vos compatriotes, les défenseurs de la liberté et de leur patrie.

» Le Chili est destiné à former un des grands États de la confédération du Sud, par sa position physique et géographique, sa situation politique et morale, sa richesse, son industrie et sa population importante (qui s'élève au-dessus d'un million d'âmes.)

Cette vérité ne peut être problématique aux yeux des nations libres et illustres ; et l'on ne peut qualifier de crime le désir de voir arriver bientôt cette époque heureuse qui intéresse le monde entier et l'Amérique en particulier. Mais les passions ne calculent pas. Les aristocrates de Buénos-Ayres veulent étouffer les vœux de la nature en vous rendant esclaves ; ils viennent d'assassiner avec barbarie deux de vos illustres compatriotes, dont votre amitié est le seul crime. Ils périrent, parce que leur mérite, leur patriotisme les élevèrent dans votre opinion. Ah ! trop tôt ils seront suivis sur l'échafaud par ceux qui oseront proférer les mots de *liberté et d'indépendance* !

» Ne voyez-vous pas déjà le gouvernement des provinces se répartir entre les candidats de l'aristocratie, et l'armée auxiliaire, stationnée sur votre territoire, dévorant vos ressources pour enrichir vos oppresseurs ? Ne voyez-vous pas vos compatriotes, arrachés du sein de leurs chaumières, des bras de leurs parens, pour soutenir de leur sang le pouvoir des tyrans sur les rives de la Plata ? Ne voyez-vous pas vos frères expatriés et jetés dans les mines de Mendoza, comme de vils condamnés ? Ne voyez-vous pas, enfin, l'exécution atroce des Carrera, qui déshonore la nation au milieu de ses triomphes ?

» Atterrés par leurs propres consciences, les assassins cherchèrent à colorer leur crime, en nommant une commission de docteurs des Provinces-Unies, vendus au pouvoir et à la flatterie, étant sûrs qu'ils souscriraient à la sentence qu'ils recevaient toute tracée des mains de San-Martin et d'O'Higgins.

» Les Carrera furent exécutés dans l'espace de deux heures, sans être jugés, sans que l'on respectât l'inviolabilité d'un territoire étranger. Telle a été dans tous les temps, dans tous les lieux, la conduite des tyrans. Le célèbre Démocrate, l'auteur du Périodique de Buénos-Ayres, intitulé : *Martyrs* ou *Libres*, Bernardo-Monteagudo, fut le conducteur de cette trame, et l'un des docteurs infâmes de cette commission militaire. Il descendra à la postérité avec le caractère des assassins. Ne reconnaissez-vous pas dans O'Higgins et San-Martin, ces traits barbares et féroces des Morillo et des Moralès, qui inondèrent de sang les campagnes fertiles de Caraccas et de Bagota ?

» Qu'attendez-vous, Chiliens, pour secouer le joug pesant sous lequel vos libérateurs prétendent vous faire plier au gré de leurs caprices ambitieux ? Examinez les événemens, et surtout le sacrifice cruel des Carrera, que ne purent empêcher ni les larmes d'une famille illustre, ni les regrets du Chili, ni les cris de l'humanité, ni la voix impuissante de la justice et des lois. Dans cet acte de férocité, vous lirez votre sentence ! *Les meilleurs citoyens iront à la tombe un à un ; ils mourront avec la valeur des premières victimes.* On sait par des rapports que les patriotes Juan-José et Louis de Carrera marchèrent à l'échafaud, où ils devaient mourir, avec un courage qui augmente encore l'éclat de leur vertu. Jusqu'au dernier soupir ils vécurent pour honorer leur patrie.

» On fera le procès aux exécuteurs de cette sentence criminelle, pour calmer l'opinion. Le peuple commencera à douter du crime ; les tyrans demeureront triomphans, et la patrie restera dans les chaînes. Santa-Fé, sans secours, se soutient contre les efforts du despotisme ; et vous, avec le pouvoir, vous restez dans l'apathie des esclaves, pour devenir la fable des nations et l'opprobre de nos descendans.

» Non, Chiliens, non, votre caractère est trop bien connu pour que l'on puisse douter de vos sentimens. L'outrage fait au sang des Carrera, à la nation entière, allumera votre juste indignation ; et la famille et les amis, qui pleurent aujourd'hui sur leur sépulture, béniront un sacrifice qui consolidera pour jamais l'indépendance de la patrie sur les débris de ses barbares oppresseurs. »

Josef Miguel Carrera, 24 juin 1818.

Miguel-Carrera, qui habite Montevideo, comme nous l'avons annoncé, agit constamment pour exécuter son plan de vengeance. Il a su attirer dans son parti, au commencement de 1819, divers officiers français qui, s'étant rendus à Buénos-Ayres, établirent une correspondance suivie avec lui. Leur plan, si l'on en croit le jugement qui les condamne, était de faire revivre le parti des Carrera, d'assassiner San-Martin et O'Higgins, de soulever les habitans de Buénos-Ayres contre l'autorité de Puyredon, et d'attirer Artigas dans leur complot.

Ces officiers, nommés Robert, Lagresse, Mercher et Youg, partirent de Buénos-Ayres pour le Chili, accompagnés d'un cinquième individu, natif de Santiago, nommé Mariano-Vigil, qui avait également servi en France. Mais le gouvernement, ayant découvert leur correspondance avec Carrera, fit courir après eux. On parvint à s'en emparer et à les ramener à Buénos-Ayres, où ils furent conduits, à l'exception de Youg, qui périt en se défendant (1). Les autres Français impliqués dans cette affaire, étaient les nommés Narcisse, Parchappe et Augustin Dragumette, qui étaient chargés de la correspondance de Robert et de Lagresse pour Carrera.

Par suite du jugement d'une commission militaire, exécuté le 3 avril 1819, Robert et Lagresse furent fusillés ; Mariano-Vigil, reconnu innocent, fut acquitté. Quant à Dragumette, Parchappe et Mercher, ils furent condamnés à être détenus jusqu'à ce que le gouvernement ait pu les éloigner du territoire de la république, dont ils furent exclus pour toujours.

Loin d'affirmer la culpabilité de ces officiers, nous sommes portés à croire qu'une imprudence de leur part a seule motivé un jugement dont la rigidité et les formes furent également condamnables.

Cet événement contribua beaucoup à augmenter la méfiance qu'inspiraient déjà les étrangers ; et, nous ne craignons pas de le dire, il découragea nos compatriotes d'aller chercher dans ces pays agités des avantages qu'ils n'y trouveraient pas. Les

---

(1) Il est plus exact de dire qu'il fut assassiné sur la route : l'officier qui ordonna ce crime fut élevé au grade de capitaine.

vastes mines du commerce sont assez fécondes, assez productives, pour fixer les regards des hommes. Qu'ils traversent les mers pour en cueillir les fruits, qu'ils visitent les contrées éloignées pour y présenter les produits de nos manufactures, pour échanger les trésors de notre industrie contre des productions étrangères ; mais qu'ils n'aillent pas déshonorer leur nation au lieu de l'enrichir, en allant conspirer contre la liberté d'un peuple qui commence à jouir du prix de ses efforts. Leur sang appartient à leur patrie : c'est mourir sans gloire que de le verser pour une cause qui lui est étrangère.

CHAPITRE III.

Anecdotes et détails sur le passage de la Cordillière.

Nous ajouterons à ce qui précède quelques particularités susceptibles de donner de l'intérêt à cet ouvrage, et qui concernent la révolution de cette contrée, les mœurs des habitans de Buénos-Ayres, et le passage dangereux de la Cordillière.

Le gouvernement a institué des récompenses nationales pour les troupes qui ont triomphé à Chacabuco et à Maïpu : elles consistent en une médaille représentant d'un côté, les armes de Buénos-Ayres, et de l'autre, portant ces mots :

LA PATRIE AUX VAINQUEURS DES ANDES.

Le général San-Martin , seul , la porte sous la forme d'une plaque ; la médaille des autres généraux et des officiers supérieurs est en or ; celle des officiers subalternes en argent ; les soldats qui se sont trouvés à ces batailles , ont , sur le bras gauche , un ovale en toile , sur lequel est imprimée la même devise.

Le gouvernement du Chili s'occupait aussi de la création d'un ordre , pour récompenser les services les plus marquants des militaires qui s'étaient distingués. Il devait avoir la forme et les statuts de la légion d'honneur , et porter le titre de *Légion du Mérite.*

Les armes de Buénos-Ayres consistent en un écusson ovale , divisé transversalement en deux champs azur et argent, et entouré d'une couronne de laurier.

Au milieu de l'écusson on a placé une pique supportant le bonnet Phrygien , signe de la liberté ; un Soleil levant , annonçant l'aurore de cette nation , entoure de ses rayons ces armes républicaines.

Les armes du Chili représentent une colonne surmontée d'une étoile , et au revers un volcan enflammé.

Le pavillon national de Buénos-Ayres est bleu et blanc : celui du Chili est tricolore.

Les fêtes de l'indépendance de Buénos-Ayres sont fixées au 25 mai et au 9 juillet , en commémoration de la première émancipation qui a eu lieu en 1810 , et de la déclaration de la liberté des Provinces-Unies, qui a été faite en 1816 ; elles sont célébrées avec la

plus grandé pompe, et le peuple ajoute par d'in-
génieuses allusions et par le plus vif enthousiasme à
sa splendeur.

Le toast porté par le directeur Puyredon, dans un
banquet patriotique, présidé par lui à l'une de ces
fêtes, était exprimé en ces termes:

Au succès de la cause de l'Indépendance ;
Paix aux nations ; soumission à aucune.

Différentes feuilles périodiques sont publiées à Buénos-Ayres ; mais malgré la liberté de la presse elles
ne parlent du gouvernement qu'avec les plus grands
ménagemens ; en revanche, les nations étrangères
n'y sont point épargnées : l'Espagne surtout est l'objet
constant des déclamations des journalistes.

Les femmes de Buénos - Ayres sont agréables ;
quelques-unes sont belles : leur vêtement est, à quelques différences près, le même que celui des Espa-
noles ; il ne manque ni d'élégance ni de luxe ; leur
esprit est peu cultivé ; mais elles remplacent l'instruction par une vivacité naturelle, qui n'est pas dé-
nuée de charmes. Elles cultivent la musique, elles
aiment les plaisirs, et, comme dans tous les pays
chauds, elles ont les passions très-vives.

Le spectacle, la promenade et *le maté* (1) sont les
seuls plaisirs auxquels les habitans de cette ville se
livrent.

Les transports de marchandises de Buénos-Ayres

(1) Herbe du Paraguay.

au Chili et au Pérou, se font comme en Espagne à dos de mulet, ou sur des charrettes immenses, traînées par six et même huit bœufs.

Le passage de la Cordillière, qui a 50 ou 60 lieues d'étendue, mérite quelques détails.

La partie de cette chaîne de montagnes qui sépare les Provinces de Buénos-Ayres du Chili, se nomme Cordillera de Los-Andes; elle offre plusieurs passages qui sont plus ou moins fréquentés; mais toutes ces routes ne sont praticables que pendant quelques mois de l'année; c'est-à-dire, depuis le mois de novembre jusqu'en mai, et encore dans le premier et le dernier mois, les neiges et les ouragans présentent mille dangers. Pendant les autres mois de l'année, la communication au travers de la Cordillière est entièrement fermée pour les voyageurs et le commerce.

Les courriers seuls osent franchir cette dangeureuse barrière pendant la mauvaise saison. Des mules les conduisent jusqu'à ce qu'elles soient arrêtées par les neiges; alors ils continuent leur trajet à pied, accompagnés de quelques paysans, munis d'instrumens propres à rompre les obstacles que les neiges présentent à chaque pas.

On a construit sur le passage d'Huspallata, qui est le plus fréquenté, des petites maisons en brique, où ces courriers peuvent se réfugier pendant les ouragans qui soufflent dans ces gorges: ils y trouvent des vivres et du bois ou du charbon; car il est à remarquer que les masses énormes qui composent ces montagnes,

aussi bien que les vallons, sont dénuées de toute végé-
tation, surtout du côté de Mendoza : le vent est si vio-
lent, la neige qu'il pousse est si épaisse, que ces courriers sont quelquefois obligés de séjourner pendant
plusieurs jours dans ces retraites, au milieu du chaos
de la nature, et occupés à se garantir d'être ensevelis
en entier par la neige.

Sur cette route, on suit dans son cours un torrent
qui roule ses eaux à cent ou deux cents pieds au-des-
sous de la route ; il a miné un rocher immense sous
lequel il passe, et qu'on nomme el Puente del Inca.
Ce roc, qui forme un pont naturel, sert, en hiver, de
passage aux courriers qui sont dans la nécessité de se
réfugier dans un des asiles dont on a parlé, qui est situé sur la rive opposée du torrent.

CHAPITRE IV.

Conclusion.

Les colonies européennes tendent à se séparer des
métropoles ; tous les peuples travaillent à reconquérir
les droits sacrés de l'indépendance, que l'avarice,
l'ambition et le despotisme des grands leur ont si
long-temps ravis.

Cet esprit fermente chez toutes les nations ; et tandis que l'Amérique se déclare libre, les monarchies
de l'Europe sont modifiées par des constitutions qui

limitent dans une juste proportion la puissance des souverains et les droits des peuples.

L'Amérique semble être à jamais perdue pour l'Espagne ; l'insurrection s'étend dans toutes les provinces de ce vaste continent ; Buénos-Ayres et le Chili sont libres, le Pérou est menacé ; dans le Mexique et la Nouvelle Grenade, les patriotes obtiennent journellement des succès, et à mesure que l'indépendance fait des progrès dans cette partie du Nouveau-Monde, l'Espagne, dans l'ancien, semble perdre chaque jour de son énergie et de sa force : elle n'oppose plus aux ennemis de sa puissance que de faibles moyens, ou de ridicules protestations.

La fameuse expédition de Cadix, au lieu d'effrayer l'Amérique, semble avoir augmenté ses forces ; si la menace du danger a attiré sous l'étendard de l'indépendance de nouveaux citoyens prêts à verser leur sang pour défendre leur patrie, un danger plus pressant réunirait sous la même bannière tous les États indépendans, encore divisés entre eux.

C'est ainsi que lorsque l'Europe se coalisa pour ravager la France, alors en proie aux dissensions intérieures les plus affreuses, le danger réunit en un instant tous les partis ; il arma un million d'hommes, qui portèrent bientôt dans toute l'Europe le fléau de la guerre et toutes les calamités qui en sont inséparables.

Si un homme de génie se met à la tête des affaires dans l'Amérique-Méridionale, elle ne formera bientôt qu'une grande république ; si cet homme ne réussit pas à réunir en un seul faisceau toutes les parties divisées de ce vaste continent, elles formeront divers Etats indépendans les uns des autres, qui se confédéreront dans l'intérêt de leur sûreté.

Tel est le sort qu'on peut assigner à l'Amérique--Méridionale. Toute entreprise de la part des nations européennes n'aura d'autre résultat que de lui faire sentir la nécessité de former ce pacte fédératif, de développer ses ressources et de s'affermir dans ses principes d'indépendance.

L'Amérique, abandonnée à elle-même, sera lente peut-être à former une seule et grande famille ; toutes les passions ambitieuses qui parviennent à agiter les hommes pourront la livrer encore quelque temps à des troubles intérieurs ; mais il est un terme aux maux politiques ; les peuples se fatiguent des révolutions et brisent le joug de l'anarchie, comme ils brisent le sceptre des tyrans. C'est ainsi que la nation américaine mettrait un terme à ses maux, s'ils devaient se prolonger trop long-temps. Son sort est d'être heureuse, parce que sa volonté est d'être libre.

FIN.

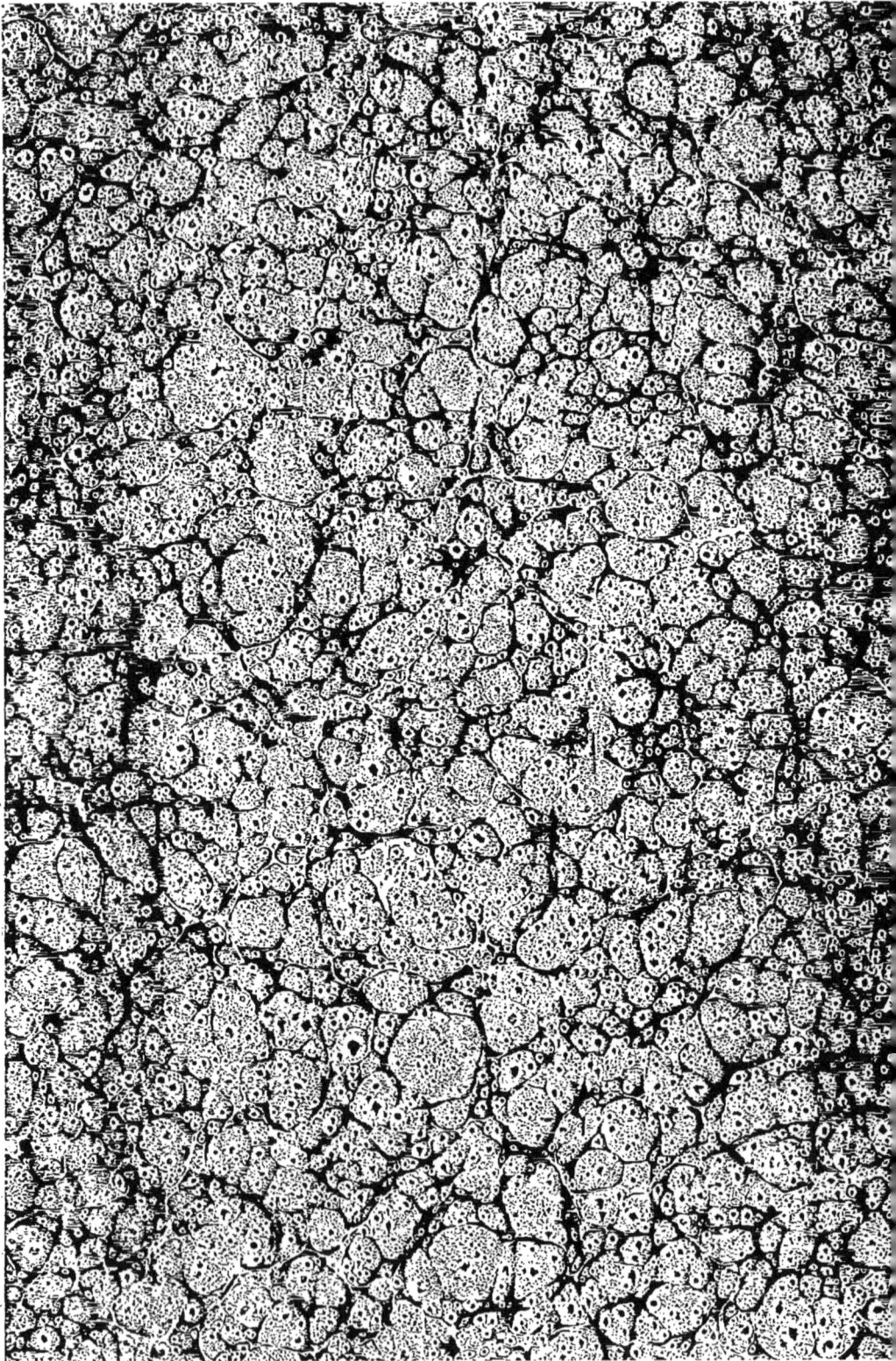

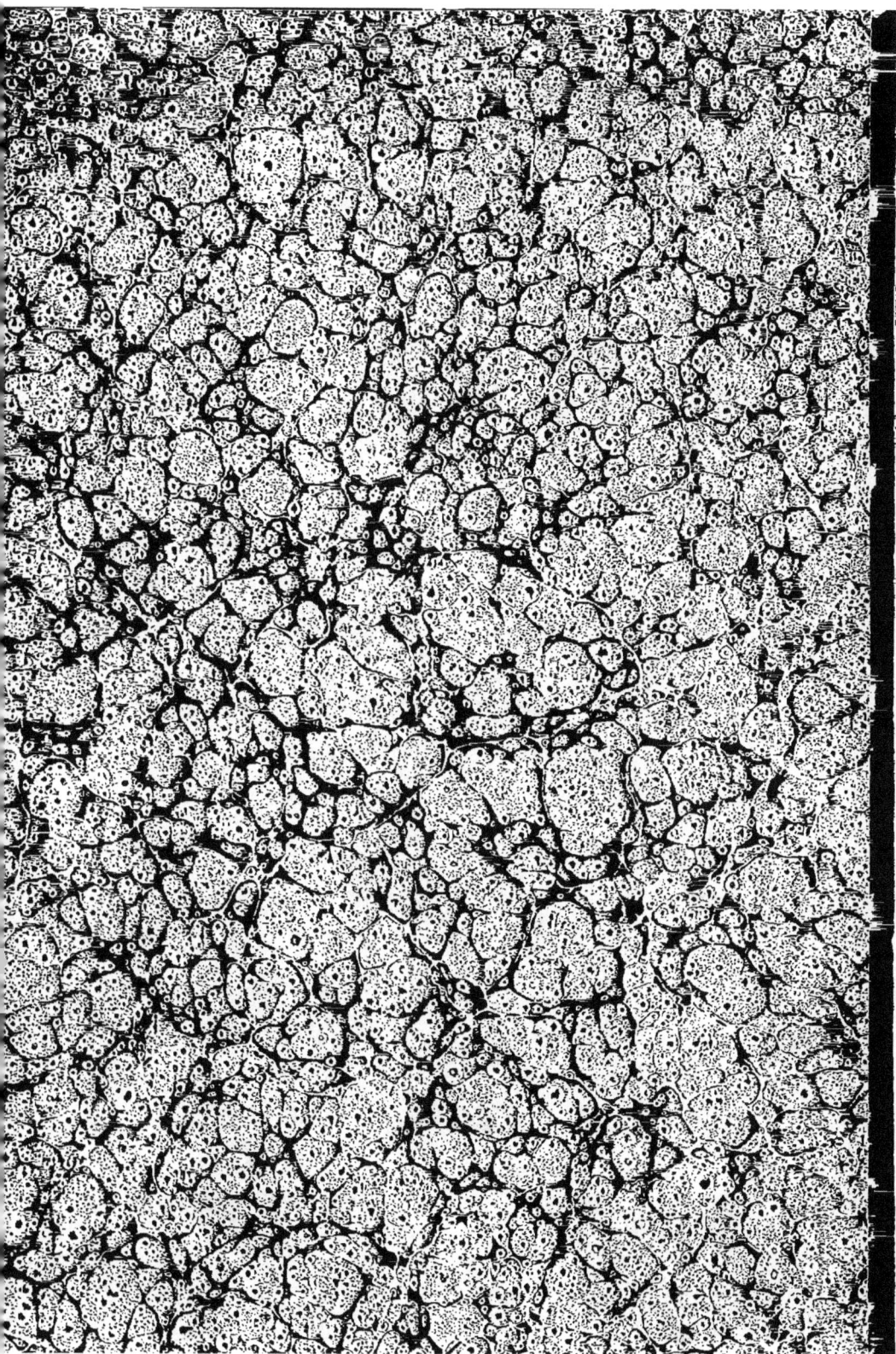

www.ingramcontent.com/pod-product-compliance
Lightning Source LLC
Chambersburg PA
CBHW072055080426
42733CB00010B/2129